光文社知恵の森文庫

浦　一也

旅はゲストルームⅢ

測って描いた世界のホテルときどき寝台列車

光文社

※本書は『TOTO通信』の連載コラム「旅のバスルーム」（本書掲載分初出：2014年春号～2022年新春号）を加筆修正し、さらに書下ろしを加えたものです。

※ホテルのアドレスなどデータ部分は2021年10月現在のもの、本文内容は取材当時のものです。掲載ホテルに実際にお出かけになる場合は、事前にウェブサイトなどでお調べください。

旅のはじめに

かつて聖地に行脚する巡礼者に道沿いの民家が宿を提供し、それがやがてホテルやホスピタルになっていった。

日本もそうだ。宿坊や僧坊は信仰、宗教と結びついていた古くからの宿泊施設だが、やがて街道筋の宿と食事を提供する「旅籠（はたご）」となって発展していった。お伊勢参りや参勤交代が旅の姿や宿をつくっていったのだ。

いや、そのずっと昔から、旅する人に眠る場を提供する「宿」のようなものがすでにあったのかもしれない。

その後、長い時間を経て産業や経済の発展とともに人はどんどん移動するようになり観光という概念もでき、ホテルも事業化されていった。旅の質が社会とともに変わってきたとも言える。20世紀は「ホテルの世紀」となり、複合化・巨大化したものは地域文化発展の拠点にすらなった。

だが近年になって、ホテルが急激にプラグマティックな効率至上主義でもなくなってきているのが見てとれる。効率は運営側の問題なのだが、ユーザーはどんどん多品種を求め、それもどれだけ洗練されているかに人々の関心が集まり、最新ホテルの事業者や設計者は「洗練競争」に走ってとどまるところを知らないように見える。

ゲストルームが50㎡時代といわれてから久しい。宿泊室の平面は自由になり、効率重視のヒルトンスタイルは影を潜めたかのようだ。バスルームには界壁がなくなったものまで現れ、テレビはその姿をすっかり変えて紙のように薄くなり、ベッドはどんどん高さを増した。ホテルは何かの手段であったものがいつの間にか目的になったかのようであり、その姿はもはや旧来の形ではない。

しかしどうだろう。相変わらずのコンサーバティブなホテルにも強い人気があってそれは変わらない。この絶滅危惧種みたいなホテル、数はどんどん減るだろうが、ちょっと昔を懐かしむように「発掘」されることもある。世界各地でしばらくは存続しそうだ。安手のものは駆逐されていき、やや上質なホテルはノスタルジアとして生き残るのではないか。

日本では2020年時点で65歳以上は総人口の28・7％になり、しばらくは世界一だという。

これまでやむを得ず設けられていたハンディキャップト・ルームは、車椅子対応ばかりでなく高齢者ルームとなる。ペットと泊まれる部屋も需要が増えていくだろう。ベッド、バスなどのあり方などに根本的な検討を加える必要も生まれてくる。アパートメントスタイルが増え、再びホスピタルとの境界が曖昧になり、ケアルーム、介護施設に近いものまでできてくる。どこのホテルでも積極的にそんな部屋を設けざるを得なくなる。

しかしもう一度泊まりたくなるようなものは少ない。

私にとって旅はゲストルームを見続けることそのものであり、何かを探すようにまた旅に出る。

旅はゲストルームⅢ

目次

砂上の楼閣

ARMANI Hotel Dubai

アルマーニ・ホテル・ドバイ

アラブ首長国連邦／ドバイ

Add: P.O. Box 888333, Burj Khalifa, Dubai, United Arab Emirates
Tel: +971 4 888 3888
URL: www.armanihoteldubai.com

ドバイ国際空港から車で15分。当時世界一の高さを誇ったブルジュ・ハリファ内。

８２８mという当時世界一高いビルディング、あのドバイの「ブルジュ・ハリファ*」の中にあるホテルに泊まった。アルマーニ・ホテルは1階から8階、38、39階の10フロアに入っている。１６０室。

アルマーニ*のホテルらしく白黒グレー中心の徹底したコンテンポラリー・モダン。高い天井のロビーは、ロゴにも使われている「A」を4つ重ねたような8本のパイプの造形で構成されている。

ゲストルームは意表を突く大きくカーブした壁と大きなスライディング・ドアというか可動スクリーンが、ベッドゾーンとパーラーを分けるスイート。

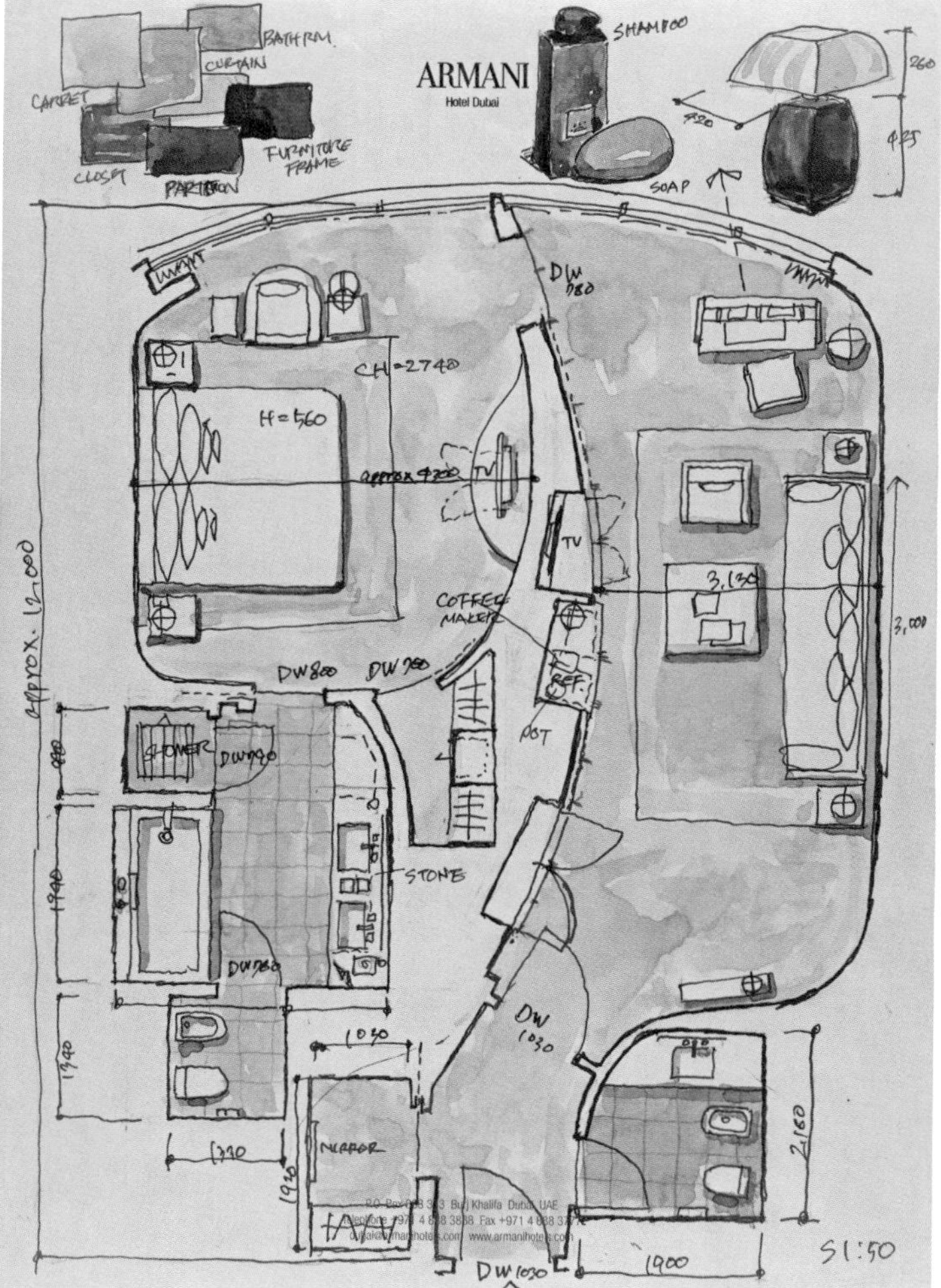

BATHRM.
CURTAIN
CARPET
CLOSET
PARTITION
FURNITURE FRAME
ARMANI
Hotel Dubai
SHAMPOO
SOAP
260
420
425
CH=2740
H=560
TV
TV
DW 780
COFFEE MAKER
REF.
POT
DW800
DW780
3,130
3,000
SHOWER
DW790
STONE
DW780
DW 1030
1030
MIRROR
1900
2,160
DW1030
S1:50
APPROX. 12,000
P.O. Box 888 333 Burj Khalifa Dubai UAE
www.armanihotels.com

材質や色彩を抑え、極めて強くソフィスティケートされた上質感が漂う。アメニティにいたるまで貫かれたアルマーニの世界。クールで美しい。バスルームなど水まわりの床と壁やカウンターの仕上げは明るいグレーの大理石の水磨き。他の部屋を見ると茶系の斑をそろえて使っていて、ずいぶん高価なものであった。こういうシンプルなデザインはリッチな材料を使わなければ貧相に見える。

室内の壁がカーブしているので、造り付けの家具類の納まりも一般的とは言い難い。あらゆるところが普通ではないから、製作がどんなに大変であったか想像を超える。工期もかかったというがさもありなん。平面図を見るとわかるが曲面の壁なので、デッドスペースもたくさんできてしまう。こういうハリボテのプランニングは人によって是非が分かれる。それに広くなくてはできない。

部屋に案内されるとタブレット型の端末を手渡されて、その説明を受ける。各所の照明の点滅、調光、空調の温度設定、テレビのオンオフ、映画の選択、電動カーテンの動きまでコントロールできるばかりでなく、ホテル内の施設の状況チェックもできる。さすがにバスルームの湯水の注排水や温度調整はできないようだったが、それができるようになるには数年とかからないだろう。でもやはり私は人間のバトラー（執事）サービスのほうがいいなあ。

100ドルくらい払うと、最上階の展望台に行けるらしいが、そこまではしなかった。七色の巨大な噴水ショーを見せるパーティー会場をレストランから俯瞰(ふかん)する。その規模や水の動きにシンクロする音楽や色彩など、度肝を抜くもので唖然とするばかり。すべて石油で海水を真水に変えたものをふんだんに使っている。

そもそもこの街、大昔こそシルクロードの中継地点だったかもしれないが、数十年前は砂漠の端の小さな港にすぎなかった。石油貿易などでこんなに大きく膨れ上がり、いまやスタイルブックのようにたくさんの形の超高層ビルが林立し、海上にはパーム・ツリーや世界地図平面の人工島という巨大な埋め立て地を造っていて高層住宅が建ち並んでいる。まさに

「砂上の楼閣」。住民は外国人ばかりで、自国民は全体の1割という。

一時ドバイ・ショック*と言われ、いろいろなことが危ぶまれたが、いまはその影もない。

博物館やどこを見ても歴史や伝統的な文化もほとんど感じられない。だから懐かしさなんてものもない。

未来都市に建つ蜃気楼（しんきろう）のような当時世界一高いという建物を見上げながら、虚栄と言ってはいいすぎかもしれないが、心打たれるような深いものを感じることは残念ながらできなかった。

＊ブルジュ・ハリファ
2014年時点で世界一高い超高層ビル。建設の段階では、ブルジュ・ドバイの名であった。全高828・0m、160階建て。

＊アルマーニ
ジョルジオ・アルマーニS.p.A.は、1975年にデザイナーのジョルジオ・アルマーニ（1934－）により設立されたファッションブランド、およびレジャーブランド。レストランNOBUも傘下。

＊ドバイ・ショック
2009年11月に、ドバイ政府が、政府系持株会社の債務返済繰り延べをした。

同性愛者に親切

Illyria House

イリュリア・ハウス

南アフリカ／プレトリア

Add: 327 Bourke St. Muckleneuk Hill, Pretoria City of Tshwane 0002, South Africa
Tel: +27 12 344 6035
URL: http://www.illyria.co.za

O.R.タンボ国際空港から47.8㎞。大使館などもあるプレトリアの高級な住宅地、リエトフォンテインにある。

プレトリアは、南アフリカの行政上の首都。

このホテルは高級ホテルというより植民地時代の豪壮な個人邸宅を改装したコロニアルな建物。イリュリアとは、古代ギリシャ・ローマ時代にバルカン半島にあった王国の名。

シェイクスピアの『十二夜』*にも出てくる。この建物はその名を冠して1940年につくられた。

夕食を済ませ、そこに夜遅くなって到着した。私はネットで写真を見てホテルを決めただけなのだが、どうも怪しい。ここには何かある。

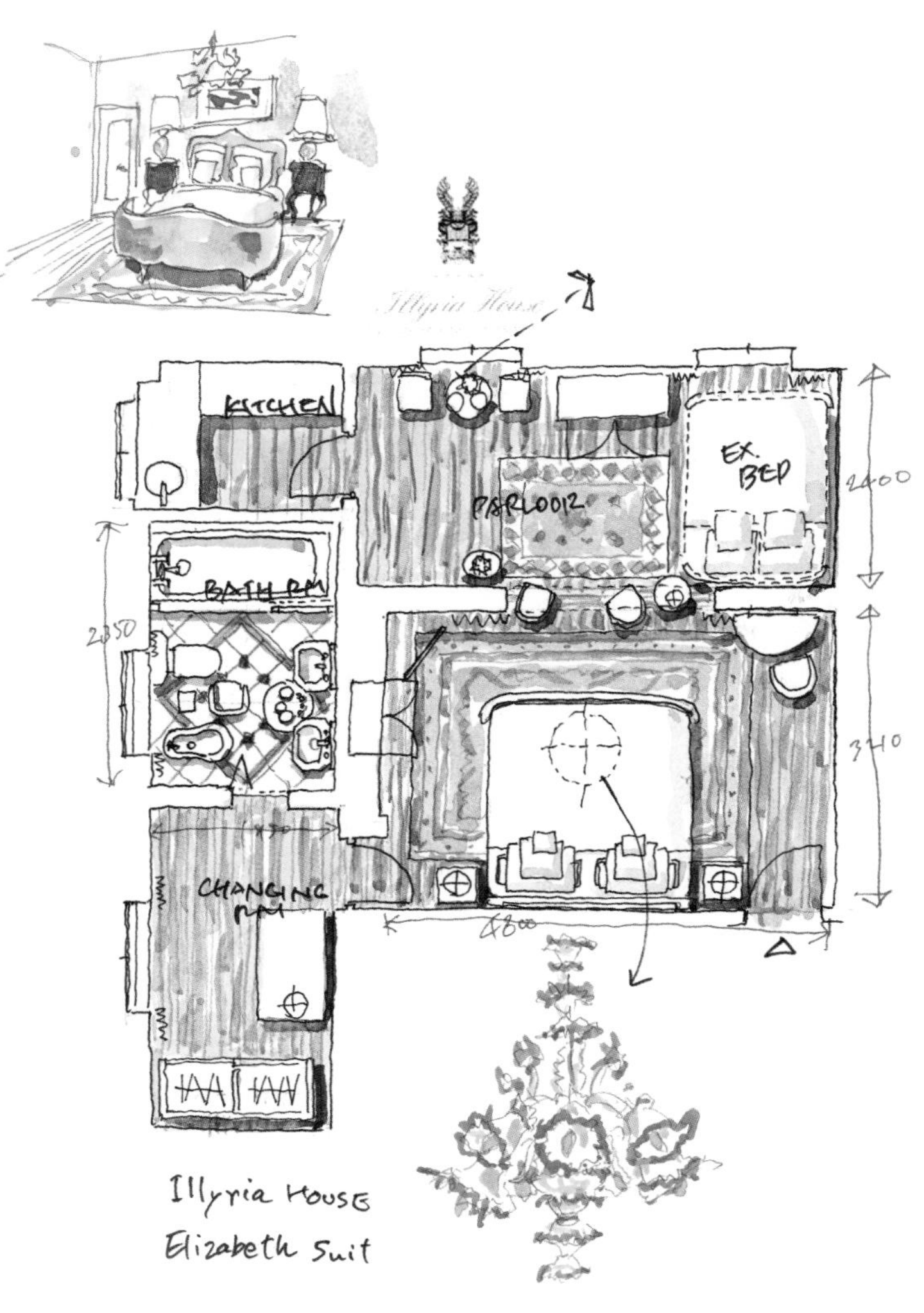
Illyria House
KITCHEN
PARLOOR
EX. BED
2400
BATH RM
2350
3410
CHANGING RM
4800
Illyria House
Elizabeth Suit

エントランスロビーもフロントオフィスもないような薄暗い空間。お婆さんと、執事のような黒人のお爺さんの二人が、にこやかに出迎えてくれる。『ドライビング・ミス・デイジー』*というアメリカ映画があったが、あれを彷彿(ほうふつ)とさせるお二人。オーナーらしきそのお婆さんは「あらやだ、Wi-Fiのパスワード、わかんなくなっちゃったわ。誰かー」という調子なのだ。モーガン・フリーマンみたいなお爺さんは、ロゴ入りのレターペーパーがないと言うと、パソコンで10分もかけ、笑顔でレターヘッド入りのペーパーをつくってくれた。

ガイドをよく見るとこのホテル、「同性愛者に親切」と書いてあるではないか！我々は男性4人で2室。ゼッタイ誤解されているに違いない。

私たちの部屋は「エリザベス・スイート」という名で部屋の趣味はまったくラブリー。真っ白に塗られた家具類、気恥ずかしくなるようなバスルームのインテリア、大きなクローゼットとキッチン、ピンクのベネチアンガラスのシャンデリアというスイート。2つのベッドこそ離してあってほっとする。大きな邸宅の改装だったことがよくわかる。

到着は夜だったのでわからなかったが、翌朝ホテルの中を探検して驚いた。

装飾性あふれるクラシックで豪華なダイニングルーム。古い床のロビー、膨大なグラス類のコレクション、大きなカップボード。高さ6ｍもある外部に開放された真っ白なポルチコ*空間にはガラススクリーンなどなく、白いドレープ・カーテンが下がり、抜けるような空の青にゆったりとそれが揺れている。前庭は白いガチョウの親子が寝ている芝生が曲線を描いた斜面に広がり、その先にはスイミングプール。さらにその奥にはアジアン・テイストの大きなラウンジが別棟となっていて、優雅を絵に描いたようなたたずまい。ＳＰＡは本格的らしい。

昨夜、夕食を外で済ませてきた我々に「ディナーはどうか？」と何度も尋ねてきたのだが、それがやっとわかった。ポルチコでいただいた朝食の卵料理が素晴らしかったのだ。残念なことをした。

しかしイギリス人が支配していたころのとんでもない貧富の差を見せつけられたようで、かなり複雑な気になる。でもこのごろは逆差別があると聞く。プレトリアは治安が悪く、白人だけで都市郊外に住んでいるとか……。難しいものだ。

最後にもう一つサプライズがあった。

チェックアウトして車の前で「おいとま」をしているときのことだ。黒人の従業員全員が玄関先に集まり、なんと、にぎやかに手拍子付きでアフリカの歌を歌ってくれたのだ！　意味がわからないので尋ねてみると門出を祝う歌らしい。歌で送り出されたことは初めて！　感激してしまった。

おかげでその日は朝から楽しい一日になったのである。

＊『十二夜（じゅうにや）』
イギリスの劇作家ウィリアム・シェイクスピア作の喜劇。副題は「御意のままに」。国の名はイリリアとなっている。

＊『ドライビング・ミス・デイジー』
1989年制作のアメリカ映画。ブルース・ベレスフォード監督。アメリカ南部を舞台に、老齢のユダヤ系未亡人とアフリカ系運転手の交流をユーモラスに描いた。アカデミー賞を作品賞、主演女優賞、脚色賞、メイクアップ賞の4部門で受賞。

＊ポルチコ
Portico 柱列のあるポーチ。

文学臭

Hotel Orphee-Grobes Haus

ホテル・オルフェ・フーシュハウス

ドイツ／レーゲンスブルク

Add: Untere Bachgasse 8, 93047 Regensburg, Germany
Tel: +49 941 596020
URL: https://www.hotel-orphee.de

旧市街のレーゲンスブルク大聖堂のすぐそば。姉妹ホテルがいくつかあるので注意。

レーゲンスブルクはドイツの南部、バイエルン州にありニュルンベルクやミュンヘンにも近い。この世界遺産の美しい街にアールデコの家具などを探しに行った。ベイウインドウがついた建物が目立つ。それを見ながら石畳を歩いていくとドナウ河に出た。中州(なかす)の黄葉の秋色がいい。ゆったりとした大きな流れは、これから黒海までオーストリアやルーマニアなど10カ国を進んでいくのだ。十字軍が渡ったという橋も美しい。ナポレオンの戦争もあった。大軍隊のロジスティック（兵站(へいたん)）はどうしたのだろうか。

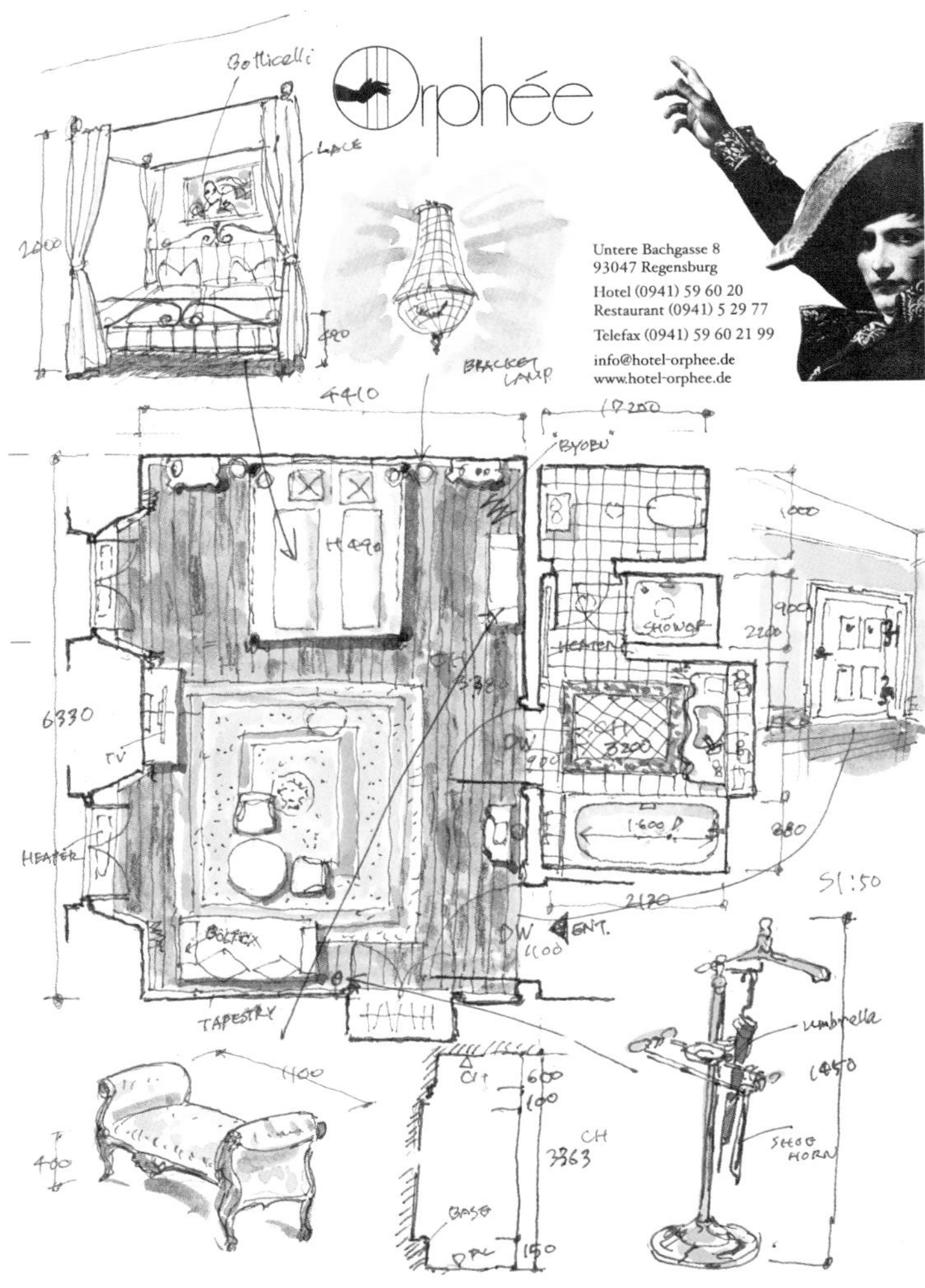

Orphée
Untere Bachgasse 8
93047 Regensburg
Hotel (0941) 59 60 20
Restaurant (0941) 5 29 77
Telefax (0941) 59 60 21 99
info@hotel-orphee.de
www.hotel-orphee.de
Botticelli
LACE
2000
490
BRACKET LAMP
4410
"BYOBU"
H490
SHOWER
HEATER
6330
TV
HEATER
TAPESTRY
ENT.
S1:50
umbrella
1450
SHOE HORN
1100
400
CH
3363
BASE

大聖堂のある広場が旧市街の中心なのだが、そこに近いところで不思議なホテルに遭遇した。

それは文化財登録された建物でいろいろ歪(ゆが)んでもいる。まずレセプションカウンターから歴史を感じさせる。その裏にある1896年創業というフレンチビストロとレストランは、時計がついた間仕切りで柔らかく仕切られ、ホテル&レストランというだけあって客でいっぱい。

ロビーから客室階へはエレベータが設置される前の古い階段が残っていて、ギシギシと音を立て、どこかのアニメに迷い込んだような錯覚に捉(とら)われる。

驚いたのはポップアートとも落書きとも安ポスターともつかない強烈な額絵の数々。ちょっと品位に欠けるが……。それは全館のパブリックを埋め尽くすほどで、一人の趣味嗜好が強烈に表れていて独特の選択眼を感じる。落書きはゲストルームの窓から見える隣家（?）の大壁面までおよび、借景にまでなっているのだ。好き嫌いはともかく大変興味深い。

「オルフェ」*とはギリシャ神話からきたネーミングだと思われるが、市内には姉妹店のようにテイストが共通するいくつかのホテルやレストランがある。

大きな扉を開けて投宿したゲストルームを見てみよう。

平面は広く天井が高い。３３８０㎜もある。バスルームの面積も広く、バスタブ、ベイスン、シャワー室、トイレが1列に並ぶ構成。バスタブは湯を張ると溺(おぼ)れそうになるほど長い。バスタブにハンドレールが見当たらないのはドイツ的。ベイスンはグニャッとしたバロック的な形に特徴があるが、意外に使いやすい。タオルはたっぷり洗面台に積んである。

ベッドは四柱式*。蚊帳(かや)のようなレースに囲まれると少し気恥ずかしいのでやめた。カウチやソファはいわゆる猫足。古い意匠もあって経験もないのに懐かしい世界に囲まれる。ベッドの上にはブランケット（毛布）をシーツで包んでたたんであってこれもドイツに多い。壁は白と卵色のツートーンであっさり。ここは饒舌(じょうぜつ)ではない。

ナポレオンや落書きアートもある、おしゃべりでやや分裂気味のホテル。独特の個性に満ち溢(あふ)れている。こんなホテルが世界に一つくらいあってもいいと思えてくる。

実測するとヒューマンスケールの配慮がたくさん見つけられて改めて感心してしまう。概してコンテンポラリー・モダンのものより、こんな古いゲストルームの中にさまざま

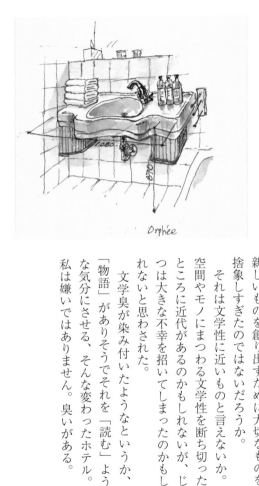

な知恵や工夫を発見できるのだ。私たちは新しいものを創り出すために大切なものを捨象しすぎたのではないだろうか。

それは文学性に近いものと言えないか。空間やモノにまつわる文学性を断ち切ったところに近代があるのかもしれないが、じつは大きな不幸を招いてしまったのかもしれないと思わされた。

文学臭が染み付いたようなというか、「物語」がありそうでそれを「読む」ような気分にさせる、そんな変わったホテル。私は嫌いではありません。臭いがある。

＊オルフェ

Orphée ギリシャ神話をもとにしてブラジルの詩人ヴィニシウス・デ・モライス（1913－1980）が戯曲・舞台化。映画『オルフェ』『黒いオルフェ』の基となった。ジャン・コクトー（1889－1963）による同名の映画もある。

＊四柱式ベッド

四隅に高い4本の柱があり天蓋やカーテンを支えるかたちのベッド。

column 1

何を見るか

ゲストルームに入るとまず最初に何を見、感じるのか。

私は全身で感じるスケール感のようなものを大切にしている。第一印象である。

自分自身と部屋の気積というか空気のボリュームなどの関係、特に天井の高さやバスルームの広さ狭さなど。

次に全体の流れや家具の位置を見る。概して西欧の空間は家具が壁に張り付いている。時たま、部屋の中央にパーラーがある部屋に出くわすが。日本にはそもそも家具がないのだが、旅館など家具があっても座敷の中央に座卓と座布団があるだけ。そのせいか日本の部屋と家具や調度のあり方や配置は、いまだにうまいとは言えない。

それから色彩、マテリアル。民族によっても彩度や明度がずいぶん違う。天然素材そのままの色、純白、卵色、淡い黄色……色名帖を忘れたときは絵の具を調合してその色をつくるとよくわかる。

照明も気になる。概して西欧の部屋は暗い……と日本人は感じる。目の構造や色が違うのでやむを得ないのだが、日本人は概して明るい部屋を好む。フロントに「暗い」と言えば、ランプ・スタンドを持ってきてくれるのだが。

電球はほとんどLEDに代わられた感があるのだが、あの光が空間と合わないこともあると私は思っている。ぼんやりしているようで眩しい。食卓にはあのカリッとした昔のダイクロイック・ハロゲンランプが懐かしい。グレアがあっても悪くない。銀器が光り輝くのである。

測って平面図をつくっても高さ関係はわからないから、できるだけ高さの寸法を記入する。レーザー距離計は天井高を測るときは便利。できれば窓まわりの矩計を描く。人を描き込む。測りながらディテールを見る。各部を詳細に観察しては何かを発見する。

●ドアまわり

・ドアではノブ高さ、キー、ロック、エアタイト、新聞の入れ方、ドアの材質とノックの音など。

・キーの接触性は？　最近カードが多いが、認証は非接触でもできる。私はキーが好きだが。「安心、安全」はほとんどこの辺にある。あるロンドンのホテルではキーホールがドアではなく壁にあった！

●ワードローブまわり

・まず大きさ。備品のアイテムと数。大きなホテルでは化粧ができるウオークインもあれば、ハンガーパイプだけのところもある。当然だが南国のホテルはワードローブが小さい。

・明るさ、姿見ミラーの大きさと位置。

●ライティング・デスクまわり

・明るさ、デスクと椅子の高さ、差尺。手紙を書く場面が少なくなったが、パソコンにどう対処しているのか。消えそうになったデスクまわりが復活する動きもある。

・ノーティスやマガジンのまとめ方。

●ベッドまわり

・まず配置と大きさ、スタイル。アメリカでは入り口ドアを開けてすぐベッドが見えないことが多い。ベッドの1辺や2辺を壁につける民族もある。

・リーディング・ランプのあり方。ヘッドボードの大きさ。

・近年競争をしているように思えるのがベッドの高さ。その他構造、リネンの密度など。

・羽毛布団（デュベ）かブランケットをカバー

したコンフォーターか。カバーの洗濯の具合。

・ベッドスプレッドは減ってきたが、いまだにターンダウンサービスをしているところもある。民族によってはコンフォーターをたたんでベッドにのせているところもある。

・ピローの中身。それを選べるか。

・ベッドから何が見えるか。テレビ、外の景色、何もない天井か。

・ソファベッドや引き出しベッドの場合の使い勝手。

●パーラーまわり

・ティーテーブルの大きさ。ルームサービスできる高さか、手紙が書ける高さか、ＰＣを使える高さか。多用できるということはどれにも合わないとも言える。

・ソファの大きさ、クッション性。

・照明と明るさ。

・冷蔵庫は小さくなってはいないはず、中身のアイテムは。

・リモコンはいくつあるのか。タブレット型端末は？

・窓の気密。開閉と安全性。バルコニーの有無と仕様、清掃方法。

・テレビは大きく薄くなった。壁付きもできる。

●バスルームまわり

・ドアの開き勝手、非常時の解錠。

・ビデなどの有無。

・バスタブの長さと深さ。給排水時間。

・ベイスンの高さ。

・シャワードアは外開きの場合しずくが垂れないか。

・リネンの数と品質。

・アメニティの種類と数、リングタワー、そのまとめ方。

・ドライヤーと拡大ミラーのまとめ方。

・隔壁が消えていく傾向にあるのでその程度。

・お尻や手の洗浄は宗教や習慣と関係が深い。要注意。

すなわち実測に表れにくい仕様。裏に隠された意味、それをよく見る。

それにアイテムが多すぎる。多いほうが快適だと思う人が多いのである。

こうやってディテールを観察して描き続けていくと、民族の習慣、デザイナーの意図、営業方針がよくわかる。種明かしを見つけたときはニヤリとさせられる。大切な寸法とそうでもないところがあり、それもわかる。

狭くても工夫の跡が感じられるかどうか。特徴がないホテルでも何か必ずあるものだ。

音や匂いや光は図面に書き込めないが、とても大切。デジタルな記録は取れなくてもその感じをメモでもいいから残すこと。

それにインターナショナルな様式のホテルばかりではどこでも似たようになってしまう。ローカリティがあまり強すぎても利用客が付いていけないものだが、民族調の人形が置いてあるだけでは満足できない。その地ならではの何かが欲しいのである。

こういう世界は友人のデザイナーに言わせると「調度のインテリア」だという。調度のあり方を考えること、その設(しつら)いのあり方を考えること。そうかもしれない。

本来、調度品のうまい取り合わせはデザイナーのスキルのひとつであったのだが、いつの間にか「何もないことはいいことだ」と言われてしまうようになったのだ。

ナマコのいる街

Palais-Hotel Erzherzog Johann

パレ・エルツヘルツォグ・ヨハン

オーストリア／グラーツ

Add: Sackstrase 3-5, Graz A-8010 Austria
Tel. +43 31 681 16 16
URL: https://www.erzherzog-johann.com

グラーツのオールドタウンにあって路面電車の軌道に面している。

オーストリアで人口がウィーンに次ぐ第二の都市グラーツ。市内を流れるムーア川と山上の要塞シュロスベルクを中心にした美しい街。かつてハプスブルグ家の居城があった。ナポレオン軍も侵攻している。

あの巨大イソギンチャクかナマコが中世の街を襲っているかのようなピーター・クックとコリン・フルニエによるグニャリとした現代建築、クンストハウス*はここにある。当時「浮かぶシャボン玉」とか「友好的エイリアン」とも言われたそうだが、私には「巨大ナマコ」にしか見えなかった。雑誌の写真より強烈な印象。残念ながら外装がち

PALAIS-HOTEL
ERZHERZOG JOHANN
* * * * *

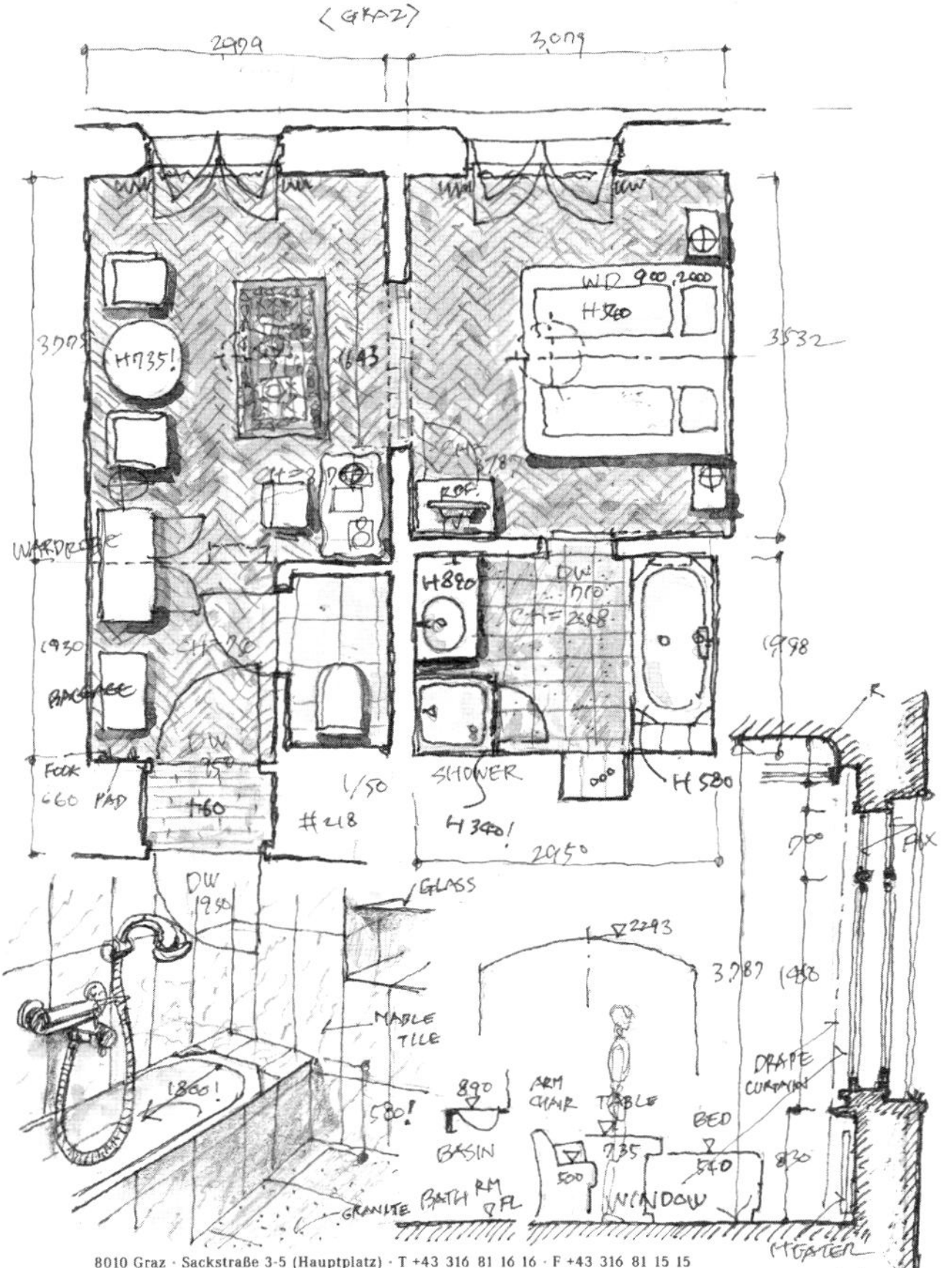

<GRAZ>

2999 3,079

WD 900, 2000
H360
3777
H735!
1643
3532
WARDROBE
H880
DW 770
CH=2308
1930
1998
BAGGAGE
DW 850
FOOK 660 PAD
760
1/50
#218
SHOWER
H340!
H580
2950
700
FIX
DW 1950
GLASS
2293
3,787 1988
MABLE TILE
DRAPE CURTAIN
1860!
890
ARM CHAIR
TABLE
580!
BED
BASIN
735
500
540
830
BATH RM FL
WINDOW
GRANITE
HEATER

8010 Graz · Sackstraße 3-5 (Hauptplatz) · T +43 316 81 16 16 · F +43 316 81 15 15
reception@erzherzog-johann.com · www.erzherzog-johann.com · UID ATU 67588611 · FirmenbuchNr FN 389224p
Steiermärkische Sparkasse KtoNr 00006-395578 · BLZ 20815 · BIC STSPAT2GXXX · IBAN AT41 20815 00006395578

1/40

古い州庁舎の中庭

ょっと汚れてしまったので、みすぼらしく、「疲れたナマコ」に見える。

　そのすぐ前のムーア川のまん中にこちらはカフェも小さなシアターもある透明ガラス張りのもうひとつのナマコ、ムーアインゼル*がある。鉄骨でがっちりつくってあるとはいえ、その日は急流に流されそうであった。

　どちらもいまだに評価が分かれる。

　旧市街の中心部は世界遺産に登録されている。市庁舎や美しいファサードの古い建物が軒を連ね、見所をゆっくりと巡る。16世紀に建てられた州庁舎ラントハウスの中庭なども。ハウプト広場中央にはこのホテルの名にもなったヨハン・エルツヘルツォグ大公の銅像がある。

街のシンボル、シュロスベルクの丘にある時計塔を目指す。時計には針が1本しかなかったそうだが、今は短針が「分」を指している。山肌に張り付いたような階段も面白いが、エレベータがいい。ガラス張りの「かご」から見る昇降路の山肌はまるでディズニーランド。山頂からはナマコを眼下に見ることができる。

このようにグラーツは新旧の建築がコンパクトに危うく混在している街で、懐の深さはいいのだが、これから前衛建築が古くなるとどうなるのか、いささか心配でもある。


これからの建築や街の姿を考えるのにいい題材がそろっている。

このホテルは1852年創業。ダウンタウンにあり、路面電車の線路に面していてハウプト広場や市庁舎にも歩いてすぐ。

ホテルはガラスのスカイライトで覆(おお)われた明るい温室のような中庭をアトリウム型のレストランにしている。それを巡る4層の通路にはたくさんの植物。どこに行くにもこのアトリウムを眺めて通る。当時は斬新なものであっただろうと思わせる。

泊まった部屋は2ベイを使ったスイートで、界壁(かいへき)に穴を開けてつくったと思われる。バスルームにはバスタブとシャワーユニットが入っていて、トイレはパーラー側で別室になっている。冬は寒いのか入り口ドアや窓は二重。抑えた色調の好ましい部屋。

直交集成板CLT*はここのグラーツ工科大学から生まれているからご存知の向きもあろう。

＊クンストハウス
アーキグラム設立メンバーとして名を馳せたイギリスの建築家ピーター・クック（1936－）と、コリン・フルニエ（1944－）によるユニット「スペース・ラボ」の設計。国際設計競技であった。2003年建設。州立博物館の一部でもあり、美術のほかいろいろな展示会などが行われている。a＋u 400号所収。

＊ムーアインゼル
2003年の文化首都を記念するためにつくられた「漂うガラスの島」。ニューヨークの芸術家ヴィト・アコンチ（1940－2017）のデザイン。カフェと半円形劇場がある。

＊CLT
直交集成板。クロス・ラミネーティッド・ティンバー。挽き板を幅方向に並べた層を直交させながら積層接着して得られる木質パネル。大きな荷重に耐えられることから、中高層建築物に構造材として使用されることもある。

ストーブ上の石

Hotel Peling

ホテル・ペリン

ブータン／ブムタン

Add: Tamshing Bumthang P.O. Box #120, Bhutan
Tel: +975 03 631579
URL: www.hotelpeling.com .bt

ブータンの西部地域、ブムタン。

ブムタンはブータン王国の中央部よりやや西側。この辺の数都市がある地域の総称。ティンプーあたりから片側が断崖絶壁のような悪路を一日揺られてやっと到着。この辺は寒いのか、稲作はできない。

街は大火事があったとかで、比較的新しい建物が並ぶ。

このホテルは街の郊外にあって、角ログのログハウスのコテージタイプでブータン的とは言い難い。

何部屋もあって浴室の前室は広い。部屋の広さがアンバランス。むやみに広い部屋が

HOTEL PELING

TAMSHING, BUMTHANG
KINGDOM OF BHUTAN

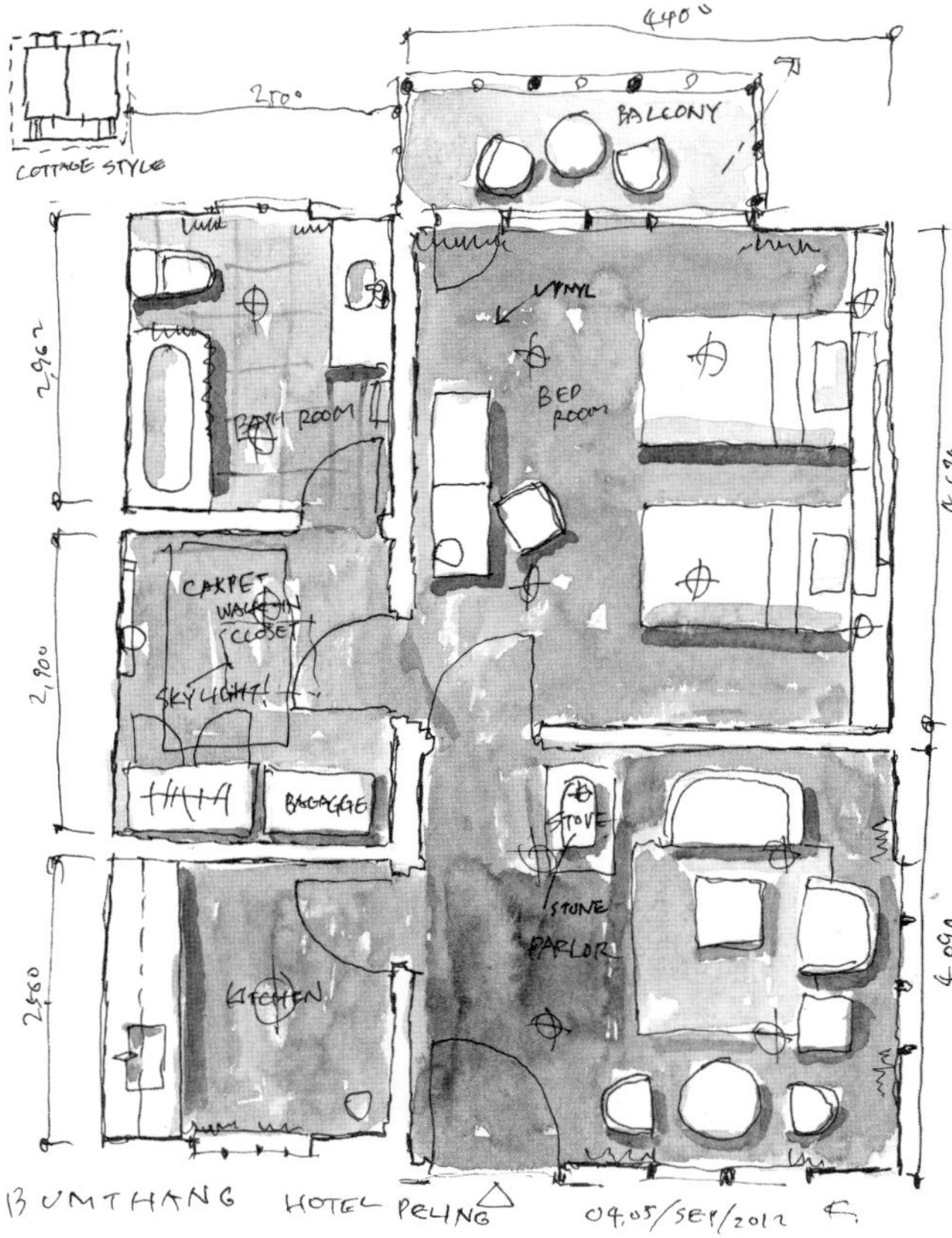

ある。

前著『旅はゲストルームⅡ』にブムタンの「アマンコラ」について書いたのだが、冬は相当寒いとみえ、ここもそのアマンと同じく部屋にある薪ストーブの上に丸い石がいくつも置いてある。これは蓄熱のためだろうか？

これはなかなか素敵なアイデアで、北海道のわが家で早速真似をしてみた。

石を熱くするのはドツォ*と同じ発想か。

*ドツォ
石焼風呂。野外で石を真っ赤に焼き、水を張った湯船に沈めて入浴するブータンの入浴法。

column 2

どこから描き始めるか

　実測図はどこから描き始めるのか？　とよく尋ねられる。

　これがほとんどベッドからなのである。

ベッドから描き始めるのは、やはりゲストルームはベッド中心でなければ……と思うためと、ヒトの身長を基本にしたサイズは世界中それほど大きく変わるものではないからである。

　一応数枚写真を撮るのだが、あとで確かめる程度。ボーイがトランクを運び、チップを受け取って笑顔で消えると実測が始まる。道具を検め、レターペーパーを眺める。レターペーパーを部屋に置いていないことも多いので、その場合はフロントにもらいに行く。ついでにデザイナーの名やホテルの沿革、改装の経緯などを聞き出す。ホテルの沿革を記したブックやビデオがあれば買う。

　さあ、スタート！　レイアウトを失敗してバルコニーが少しレターペーパーの画面からはみ出ることもあって2枚にわたることがあるが決して下書きをしない。いきなり描く。

　あたりをつけて、ツインルームならほぼ中央にまずベッドの平面を鉛筆で描く。もちろん50分の1。ベッドの軸はテレビの中心に合わせることが多いが、薄い持ち運びができるテレビが一般化すると、この軸線はなくなる。ベッドの長さはほぼ2000㎜あたりだが、幅や高さはいろいろ。シングルかダブルか、シングルをくっつけた所謂ハリウッドツインか。

　それを基にして次に部屋の縦横寸法を測ってベッドとの関係を描く。民族によってはベッドの2辺は壁に押し付けられている。

　それからバスルーム平面の縦横や出入り口、窓やバルコニー。およその形をできるだけフリーハンドで鉛筆の下書きをしてからボールペン。

消すことができるタイプが便利。細かいところは下書きなしで描いていく。寸法はレーザー距離計とメジャーで測って、書き込むのは主要なものだけ。細かな納まりなどは別のスケッチブックに。

水彩で床だけ着色、家具には影をつけて立体感を出して完成。色彩の情報量はすごい。私は色鉛筆をできるだけ使わない。水彩のほうが早いし調色できるから。微妙な色に出会ったときは色名帖がないとパレットの上で混色して色を正確に確かめる。色の情報量はすごいものがあるのだがこればかりは描ききれない。

実測して図面を作ろうとしているわけではない。できるだけ環境や雰囲気を紙の上に残したいのだ。だから影や色をつける。

あまり特徴のないゲストルームに当たってしまうことだってもちろんあるのだが、どこか必ず「ならでは」のところがあるはずで、それを探して測っては描くことにしている。それを見つけたときは嬉しい。

椅子の座面の下にトイレ（おまる）を発見したときなど、快哉（かいさい）を叫んでしまった。

興味をそそられた箇所は当然レターペーパーに納まらない。手持ちのスケッチブックに記すのだが、どこのホテルだったかあとでわからなくなるので注意。

喧騒と猥雑と

Hanoi La Siesta Hotel & Spa

ラ・シエスタ

ベトナム／ハノイ

ハノイ。高級ホテルに何日も泊まってはいられないとばかり、フレンチ・クォーターにある「メトロポール」から旧市街のリーズナブルなホテルに宿を替えた。

マスクとサングラスをした無数の「月光仮面*」のようないでたちのバイク軍団に轢き殺されそうになりながらホテルにたどり着く。

なかなかいい。デザインはあっさり。ダイニングルームの食事もおいしいし、いろいろな案内も親切、スパもある。すぐ近くの安レストランや古民家展示もいい。

路上では小さなプラスチックの椅子を出してきて調理や食事や散髪（！）をしている。

Add: 94 Ma May st, Old Quarter, Hoan Kiem Dist, Hanoi, Vietnam
Tel: +84 24 3926 3641
URL: https://hanoilasiestahotel.vn.lmany

ホアンキエム地区のオールドタウンにある。

EHG™
ELEGANCE
HOSPITALITY
GROUP

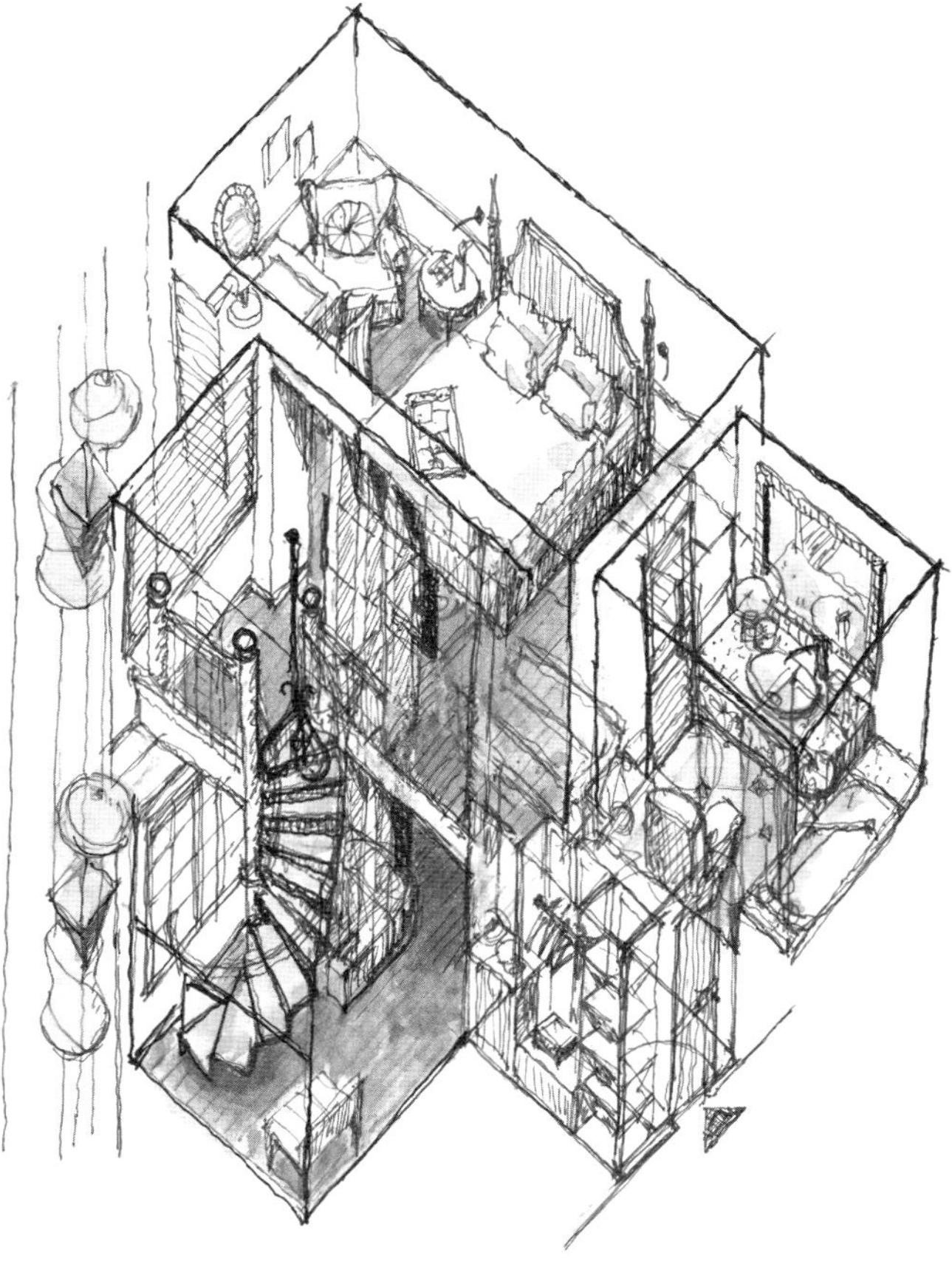

舗石がガタガタの歩道はどこも駐車場になり、歩行者信号は消えたままだから、決死の覚悟でバイクが激しく行き交う車道に踏み出す。心臓に悪い。ホーチミン市よりすごいかもしれない。安全を求めてシクロ*に乗ったのだが、それでもスリルはある。でもこの猥雑さはフレンチ・クォーターなどの香り高き街とは違って、なんとなく元気になるのだ。

案内された部屋はデュープレックス・タイプ（メゾネット）のスイート。案内の女性はどうだと言わんばかりに説明してくれる。立体的だからアイソメ*で絵を描くととても面白いのだが、トイレやテレビが2カ所あるもののワードローブは階下だけで、外の景色が見える窓もない。提灯みたいなものがぶら下がっているだけ。吹き抜けに回り階段があって、バゲッジを携えての上り下りは危険極まりない。中心に近いところでは断崖を落ちそうになる。

2泊目からは頼んでルームをチェンジしてもらった。

小さいがじつはこのほうがよほど使いやすい。床はフローリング。バスタブはないが落ち着いた普通の部屋。屋根が連なる景観や窓まわりはまるでパリ。

ハロン湾*まで足を延ばしてみる。

奇怪な形の島が無数に海にそそり立つ夢のような景観。石灰岩台地が太古に沈降し侵食されたのだという。クルーズの観光船は、それらをパノラマのように見せながら滑るように進む。天気はいまいちだったが、これも水墨画に入り込んだようで神秘的。ガスのなかから高い島がヌッと現れたりする。もちろん音もない。船ではテーブルクロスがセットされて昼食。浮き桟橋に着岸すると木造の小さな手漕ぎボートに分乗し、鐘乳石だらけで頭がぶつかりそうに低い洞窟を進む。海水が明るく透明でまるで空中に浮いているように錯覚する。

猥雑な市内に戻り「どこか面白いところはないか?」と尋ねると、「ナイマキ」という答え。「ないまきい? なんだそれは」とよくよく尋ねると、それは週末にだけ夜の街に出現するという「ナイト・マーケット」(夜市)のことであった! あの喧騒の道路が歩行者天国になって、深夜までビアホールか夜店みたいにすっかり街の様相が変わるのだ。

それでもなぜかところどころにバイクがいたが……。

＊『月光仮面』
1958年頃テレビ放映された冒険活劇。主人公は白タイツ、ターバン、マフラー、マント、サングラス姿でオートバイに乗って現れる。

＊シクロ
cyclo ベトナムやカンボジアの人力タクシー。ここでは前輪2後輪1で客が前に座る。

＊アイソメ
アイソメトリック図の略。等角投影図法のこと。

＊ハロン湾
ベトナム北部、トンキン湾北西部にある世界遺産。大小3000余の島がある。

アールデコの塊

L'HOTEL DU COLLECTIONNEUR

ホテル・ドゥ・コレクショナール

フランス／パリ

ホテルの格付けで、「星いくつ」などといわれるが、別に公的機関が決めたことではない。つまりほとんど自称。

このホテルも5つ星とうたっているのだが、それが適切な格付けになっているかどうかは見方による。パリにはすばらしいホテルがたくさん揃っているからなおのこと。

このホテル、エトワール凱旋門にやや近いモンソー公園の前。前身がヒルトン系であったせいか利用客はアメリカ人が多い。何年もかかってすっかり改装し、名前も変えた。

Add: 51-57, rue de Courcelles
75008 Paris, France
Tel: +33 1 58 36 67 00
URL: www.hotelducollectionneur.com

タクシーでは「オテル・デュ・コレクショヌール」と発音すること。

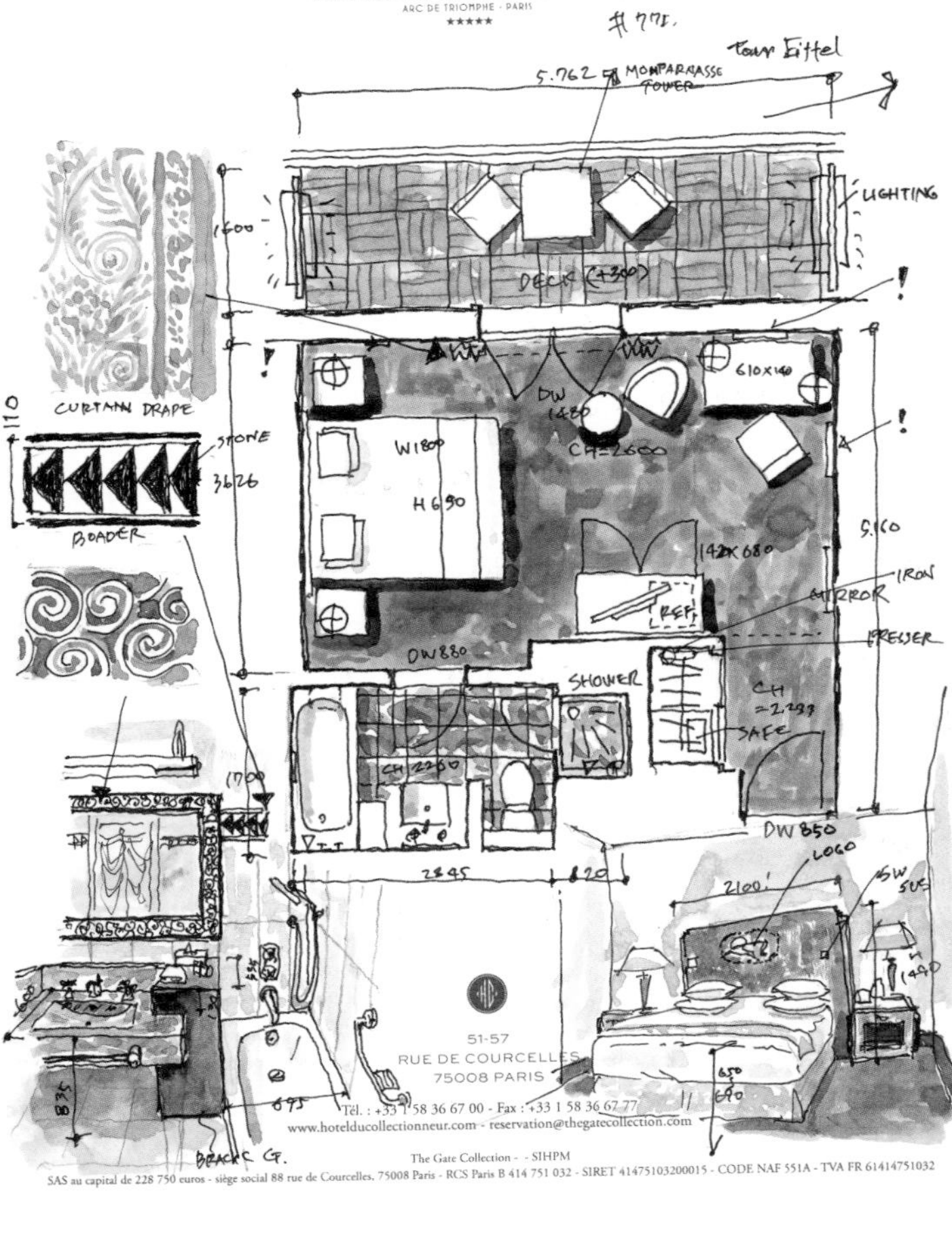

51-57
RUE DE COURCELLES
75008 PARIS

Tél. : +33 1 58 36 67 00 - Fax : +33 1 58 36 67 77
www.hotelducollectionneur.com - reservation@thegatecollection.com

The Gate Collection - - SIHPM
SAS au capital de 228 750 euros - siège social 88 rue de Courcelles, 75008 Paris - RCS Paris B 414 751 032 - SIRET 41475103200015 - CODE NAF 551A - TVA FR 61414751032

アールデコ・スタイルのホテルともふれこんでいるだけあって、それが溢れている。

４７８室。そのうちのテラス付きでエッフェル塔が見える部屋に投宿。

アールデコは、１９２５年に現代装飾芸術国際博覧会がパリで催されたのだが、それ以来、あっという間に全世界を席巻したデザイン様式。パリ、ニューヨーク、ベルリン、フロリダ、上海、日本……と各地で微妙に異なっているものの、その直前に流行したアールヌーボーの植物的有機的な曲線の装飾とは異なり、機械化時代の装飾として、直線的なガタガタ模様とかストライプや波や風の模様が繰り返され、コンパスで描かれたような同心円や幾何学的模様などが強いコントラストをもって表された。モボ、モガなどと呼ばれた風俗にも表れたり、その頃のミリタリズムと結びつけられたりもした。

アールデコ発祥の地ともいえるパリでもその様式に特徴が見られる。人物や植物などをモチーフとしたものも極度に抽象化・図案化することなく、ちょっとアールヌーボーを引きずったような、比較的リアルな形象として使われたことが多かったのではないか。

その伝でいえば、このホテル、パリ風アールデコを多く取り入れていて、総じてとてもよくできている。ロビーや宴会場のホワイエなどのパブリック・スペースや、エクゼクティブ・ラウンジは床の石材などで白黒の三角形パターンが執拗に繰り返されている。金銀の使用は抑えられ、ファブリックはコントラストの強いストライプや大柄で、よく効果を上げている。しかもたくさんある額絵や装飾品、照明器具などは、具象的な人物像などが使われている。ボルゾイのような犬を連れた婦人像の彫刻などもある。

一般客室もうまく演出されていてバスルームなど機能と装飾のバランスがよく、古さも抑えられていて、パリ風を巧みに全館にちりばめようとしたデザイナーの努力が感じられる。貴蛇紋（きじゃもん）大理石でできた洗面カウンターもいい。

あの博覧会からかなりの年数が経（た）った。しかしアールデコは、なおその輝きを失わず、ノスタルジックなイメージを与えつづけていて、一つの様式として定着している。

マロニエの落ち葉を踏みしめながら買い物から帰ってくると、ホテルがなにやら騒然としている。消防車が何台も来ていてホースをもった消防士が煙の中を走りまわり、エレベータが使えなくなり、防火戸がすべて閉じた。「ウッソー」と言わせるほど真に迫っていたが、それは消防訓練のアラーム・テストであった。ちょっとロビーで待たされたが、安全性のアピールには効果的。みんな面白がって見ている。

その後、市内で大規模なあのテロ事件が起きた！

デジャ・ブ

Four Seasons Hotel Hong Kong

フォーシーズンズ・香港

中国／香港

Add: 8 Finance Street, Central, Hong Kong, China
Tel: +86 852 3196 8888
URL: http://fourseasons.com

ビクトリア・ハーバーに面する一等地。

香港は香港島側、中環のビクトリア・ハーバーに面した絶好の立地に建つ399室の高級ホテル。

その足元は、国際金融センターのまわりからどこまでも続くような長く広々としたインドアのペデストリアン・デッキにたくさんのソフィスティケートされたぴかぴかのブランド・ショップが連なり、車がないのはもちろん、清潔でゴミひとつない。

しかし、小さなたくさんの店をひやかして買い物を楽しむという昔の香港の風情はこの辺にはもうないのだと思うと、やや寂しい。

天候や車や信号からすっかり解放された、未来都市みたいなペデストリアン・デッキ

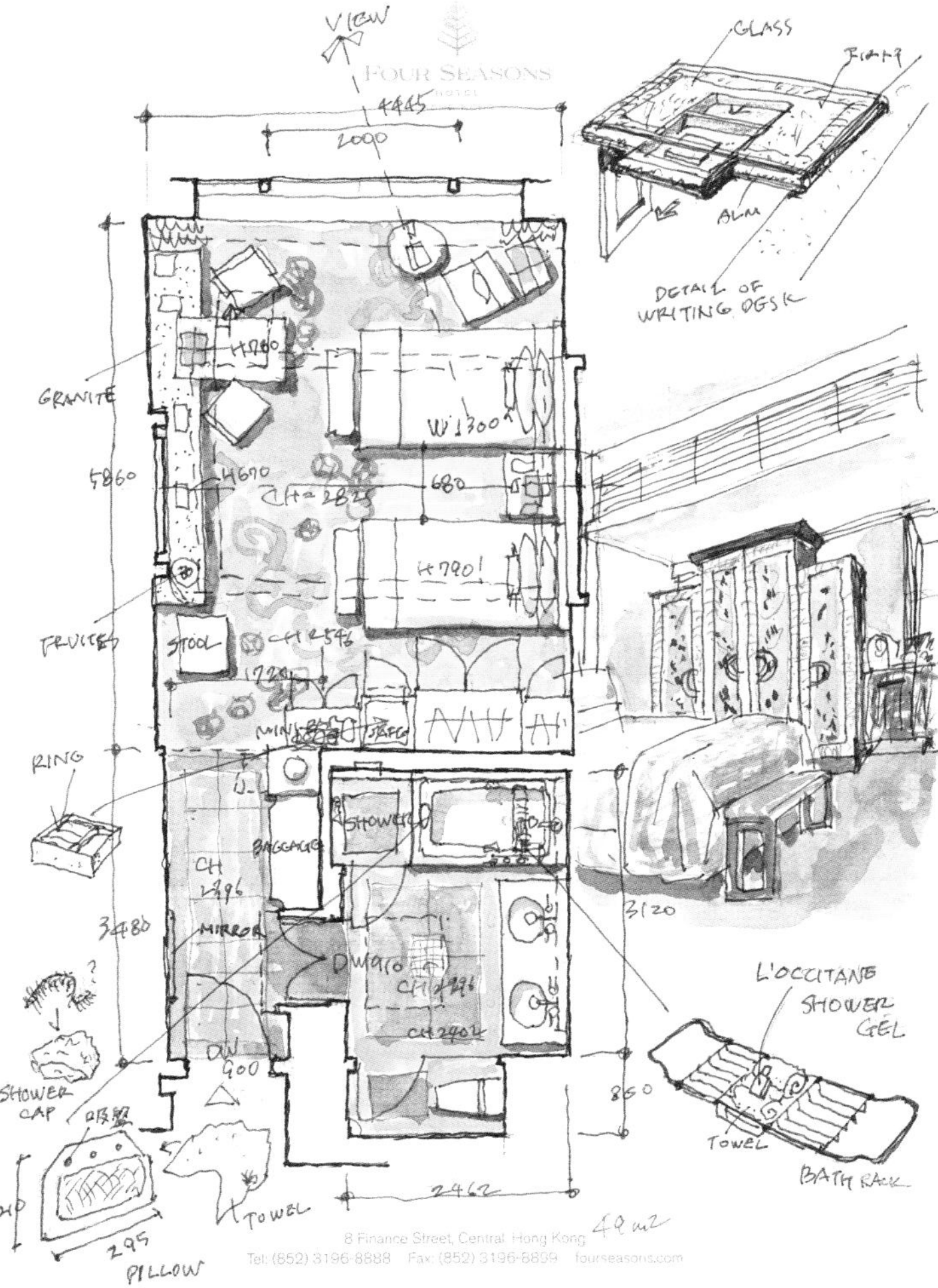

VIEW
FOUR SEASONS
HOTEL
4445
2000
GLASS
ALM
DETAIL OF
WRITING DESK
GRANITE
5860
W1300
680
H790
STOOL
MINI BAR
SAFE
RING
BAGGAGE
SHOWER
MIRROR
3480
3120
L'OCCITANE
SHOWER
GEL
SHOWER
CAP
TOWEL
BATH RACK
850
DW
900
2462
TOWEL
295
PILLOW
49 m2
8 Finance Street, Central, Hong Kong
Tel: (852) 3196-8888 Fax: (852) 3196-8899 fourseasons.com

をふわふわと無重力的にしばらく歩いていくとこのホテルにたどり着く。

高級感あふれる宿泊室。ガラス窓は床まであり、とても大きい。ビクトリア・ハーバーの水面や九龍半島の高層ビルが映し出される大画面にいきなり飛び込んだようだ。暮れなずんでいく水面を行き交う大小のたくさんの船を見下ろしていると、いつまでも飽きない。やがて全体が紫色に変わり、どんどん高くなった超高層ビルにいつの間にか無数のあかりが灯(とも)る。この絶景には圧倒される。

ゲストルームは、セオリー通りのプランで約49㎡。バスルームはダブルベイスンで広い。バスタブにはピローをタオルにくるんで取り付けてあって、これは快適。ワードローブやミニバーは、造り付けではなく置き家具としてバスルームのまわりに並べてあって、ちょっとゴタゴタと家具が溢れている。

壁には長さ3mほどの花崗(かこう)石カウンターが付いていて、ガラスの天板のライティングデスクはその上にある。

ベッド高さは何と790㎜！　落ちると怪我をしそうだが、確かに寝たまま眺望を得られる。このベッドの高さ競争、行く末はどうなるのか？　低いベッドが好きな私には信じられない高さなのだが……。

このような典型的なプランとレイアウトも、既に古典的に見えてきた。今世紀になると、バスルームの隔壁がなくなっているような宿泊室がふえてきているのである。バスルームは開放されつつあり、もうその過渡期に入ったのか？

それが適切かどうかはわからないのだが、やはりこのゲストルームのような「20世紀アメリカ型」のほうが落ち着くという向きもまだまだ多いのではないか。

そんなことを思いながら、やっと予約がとれたホテル内のレストランに行く。ミシュラン3つ星というだけあって、ここの料理は大変おいしい。

ホテルの近くから出るフェリーで南丫島（ラマ島）に行ってみる。この丫は漢字であり、ラテン文字のYではない。枝分かれという意味で「あ」と読む。

船は30分ほどで島の榕樹灣（ヨンシーワン）に着き、そこから島を約1時間半、小高い山を徒歩で横断して索罟灣（ソッグワン）に出る。いい運動だ。道は整備され、ペットのトイレまで整備してあってここも衛生的。

海上に突き出たサッシュもない海鮮料理店に腰を下ろすと、客同士の哄笑。懐かしさが溢れる。絵になる。その解放さ猥雑さが昔の香港を思い出させ、なぜかやっとホッとさせられる。どこかで見たことがある……と多分にデジャ・ブ（既視感）的なのだが。

スプリング・クリーク

Apartmani Knez

アパルトマン・クネッツ

クロアチア／オトチャッツ

Add: ČoviĆi 227, 53224 LiČko LeŠĆe Croatia (Hrvatska)
Tel: +385 53 761 040

ガッカ川にかかる小さな橋のそば。見逃しそう。

このスケッチがちょっとおざなりに見えるのには理由がある。

私はフライ・フィッシング*を愛好しているのだが、その聖地ともいうべきクロアチアのオトチャッツにあるガッカ川*についにやってきたので、はやる心を抑えながら10分くらいでスケッチしたためだ。

この小さな長期滞在型のペンションに友人夫妻と1泊した。かわいい2階建て。バーベキューのテラスもある。ベッドルームは2つ。階下にはそこのおじさんが住んでいる。着いたとき、別棟の陽気なおばさんは言葉こそわからなかったが、グラッパ風の酒を振る舞ってくれた。焼酎である。

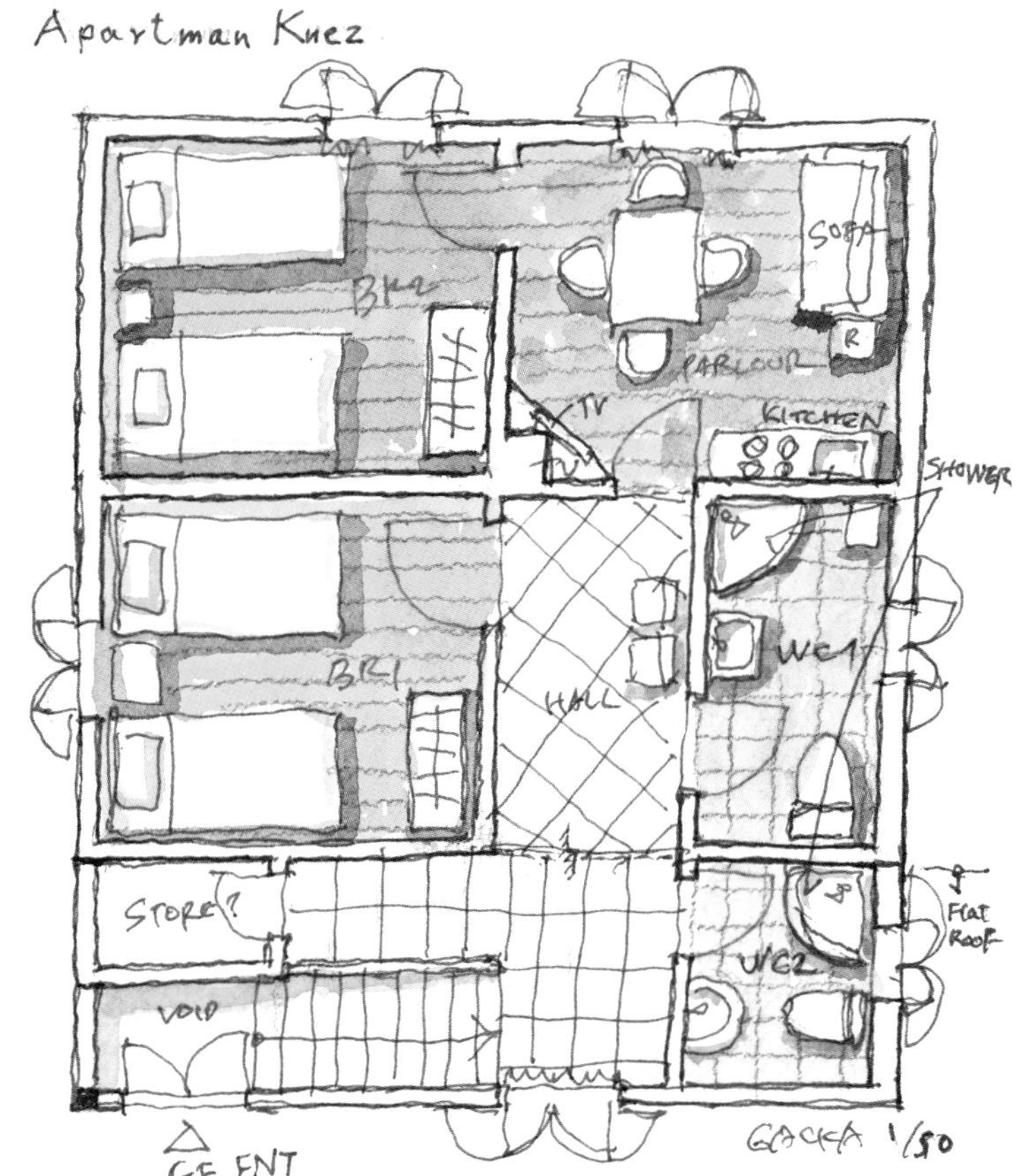

Apartman Knez
SOFA
BR2
R
PARLOUR
TV
KITCHEN
SHOWER
WC1
BR1
HALL
STORE?
Flat Roof
WC2
VOID
GF ENT.
GACKA 1/50

さて、スケッチもそこそこに徒歩1分の流れに向かい、竿（さお）を出す。

素晴らしい渓相（けいそう）。川はいわゆるスプリング・クリーク。* 幅10～20mくらいで森もある美しい田園の中を音もなくゆったりと流れている。

深い！　きれいな水の中にバイカモ類などの水生植物がたくさん。その中に大きなトラウト*の姿がいくつも見える……ということは、向こうからもこちらがよく見えているはずだ。川岸に大きな木がたくさん立っているが、意外に身を隠せないので腰を下ろして竿を振る。

魚は水面のドライフライ*を見にきては戻ってしまう。さては悟られたか！

しばらく歩いて黒っぽいウエットフライ*で少し沈めると、やっと中型のブラウントラウトが2本出た。やや難しい。しかしこの渓相はうっとりするほど美しいので、それでもいいやと思ってしまう。青空、高い木、ゆったりした澄んだ流れ。草原でつい昼寝をしたくなる。

ライセンス・チケット売り場に同好のアメリカ人かイギリス人が何人もきている。きれいなパンフレットもある。看板には親切にもキャッチ&リリースの区間、季節、時間、フライの種類まで書いてある。「ドコガポイントカ？」と尋ねると、「どこでも釣れる」という答え。明日は早起きしよう！

クロアチアは1991年ユーゴスラビアから独立したのだが、戦闘が激しかったとみえて、オトチャッツの街の建物外壁にはいまだに弾痕が残る。当時は食糧難で、地雷を川に投げ込んでは魚を捕って食べたとか……遊びの釣りどころではない。

この宿、キッチンのあるダイニングは共用で長逗留向き。家族での利用がいい。日本の釣り宿もこのくらいのグレードにならないものか！　フライのタイイング*なんかもできそうでやる気が起きそう。

翌日、竿を納めてから川の源泉のスプリングに行ってみる。

大量の水がいきなり湧き出し、池からものすごい水量の川となって流れ出ていく。その大迫力に感動。そこに古い水車小屋が数棟あって絵になる。板壁で屋根は柾葺。

小屋に入ると、我々がよく見る、車が縦に回るタイプではなく、小屋の床下に回転軸が垂直に突き出て、それに直接取り付けられた板の羽根がゴーゴーと水平に回って石臼が粉を挽く「水平型」。この形は原始的で縦型より古い。昔はこの地域に水車小屋がたくさんあったというから、さぞや壮観であったに違いない。

ここで挽かれた小麦粉でつくられたパンは「mill bread」と言われたそうだ。食べてみたかった。

クロアチアでは水力発電を利用した製材を盛んに行っているとのこと。さもありなん。

よさそうなホテルも見つけた。ようしもういちど来るぞ！

＊フライ・フィッシング
欧米式の毛鉤を使う釣り。釣り糸は先端になるほど細く、軽い。虫などを模した毛鉤はそれに結ぶ。

＊ガッカ川
Gacka クロアチア北部のオトチャッツ（Otocac）を流れる61㎞の河川。

＊スプリング・クリーク
湧き水を源泉とする川。

＊トラウト
鱒類。ここではレインボー、ブラウン、グレイリングなどのトラウト。

＊ドライフライ
水面に落ちる虫などを模した疑似餌、毛鉤。

＊ウエットフライ
水中に沈める疑似餌、毛鉤。

＊タイイング
鳥の羽根などを鉤に巻いて毛鉤をつくること。

マジェロヴォ・ヴリロの源泉にある水車小屋群

column 3

スケールへの旅

実測はいまやほとんど世界共通になったメートル法を使っている。尺貫法ではない。

1mは北極点から赤道までの子午線長さの1000万分の1だからメートル法の根拠は「地球」なのである。尺やフィートのような人間の身体を根拠とした身度尺*の体系ではない。でもそんな使われなくなった度量衡に民族や歴史が隠されていることがあるから、古道具市などで古い物差しなどを手にしたくなる。

ホテルやオフィスのような不特定多数の人々が利用する施設は、インターナショナルなスケールからあまり逸脱するものではない。でもそういう国際的な基準とはなんだろうか。ドアや天井の高さ、ドアノブの高さ、椅子とテーブルの差尺、トイレの便座高さ、通路幅など……それほど大きな違いはないものの、古いものやローカルなものを実測しては「おっ、これは高いな」「これはちょっと狭いぞ」というようなことがよくある。その民族の身体寸法や習慣などが見え隠れして面白い。一律の基準に疑問が生じるときである。

盃（さかずき）やお猪口（ちょこ）、ぐい呑（のみ）の直径は指の開き方や握り方でほぼ一定だが、スポーツ選手などは足形を正確に石膏などで採り、それに合わせて靴をつくったりすることがある。あれはカスタムメイドの究極の姿だ。洋服で言えばオートクチュールである。個人的な色彩が強い住宅などを設計しても、あの人は背がとても高いからドアノブの高さをちょっと上げたほうがいいかなということがある。

インテリアデザイナーは人間まわりの寸法の

達人でなければならない。

　建築基準法や施行例で定められた寸法などは不特定多数のための法定寸法であって、適正寸法ではない。適正な寸法は民族や風習、宗教などによっていろいろ。

　スタンダード、ユニバーサルな寸法などないのではないかと思うことさえある。利用者の「身の丈」に合うそんなオーダーメイド空間の宿泊施設、一人だけのホテル……実測をしながら身度尺、個別の寸法にも近い、深い世界を覗き見る。

　ところでSUITE ROOMの発音はSWEETと同じだが、意味は「続き部屋」とか「一組の部屋」である。そして部屋の出来は概してレギュラー・ツインのほうがよくできていることが多い。設計でモックアップ・ルームをつくったりして綿密に検証を行うためである。大きければいいということではない。

快適な寸法で組み立てられた部屋は心地よい。いろいろなホテルを実測するのは「スケールへの旅」にほかならない。

＊身度尺
人間の身体の寸法を基準につくられた度量衡。

大英帝国の残照

Mount Nelson, A Belmoud, Cape Town

マウント・ネルソン

南アフリカ／ケープタウン

Add: 76 Orange Street, Gardens, Cape Town, 8001, South Africa
Tel: +27 21 483 1000
URL: https://www.belmond.com/hotels/africa/south-africa/cape-town/belmond-mount-nelson-hotel/

ケープタウン国際空港より車で20分ほど。何棟もあるので注意。

旅先で真っ先に感じるものは、言ってみれば空気のようなもの。気温、湿度、匂いなどで、環境ががらりと変わる。もちろん、風物、人の姿、ことばなどの違いでその土地ならではのものを感じるのだが、いちばんはやはり空気だ。初めての南アフリカでもそう感じた。空気の匂いを言葉で形容するのは難しいのだが、ケープタウン国際空港でも「あっ、違う！」と感じたのだ。

水彩で絵を描くとそれがよくわかる。絵の具の混ぜ方とか乾き方みたいなものが各地でまるで異なる。描いた絵をあとで見るとその空気を思い出す。そしてゲストルームの実測スケッチ。これには寸法以外の情報もまとわりついて、写真などにはない何かが

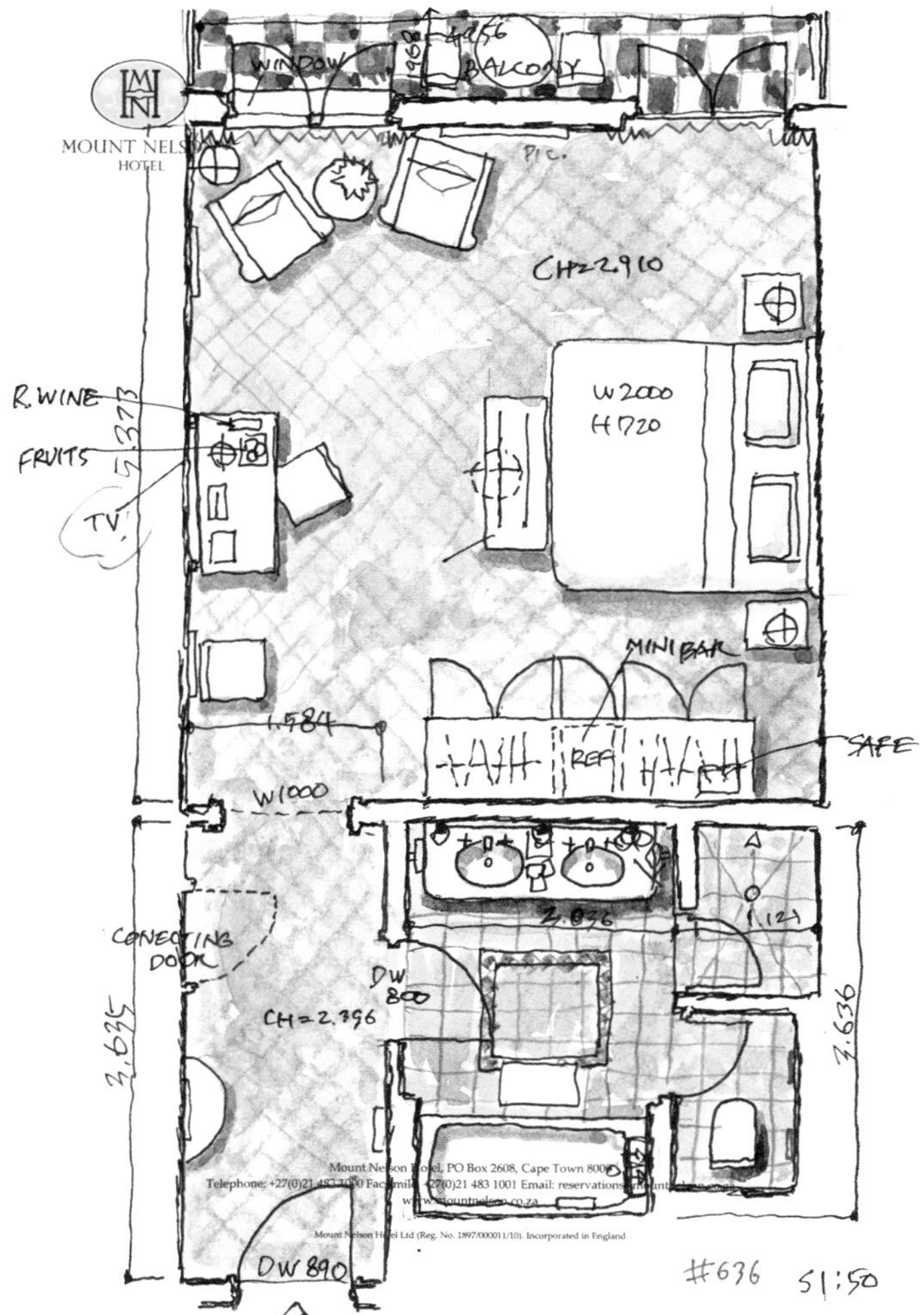
MOUNT NELSON
HOTEL
WINDOW
BALCONY
PIC.
CH=2.910
R.WINE
FRUITS
TV
W2000
H720
MINIBAR
REF
SAFE
1.584
W1000
2.836
1.121
CONECTING
DOOR
DW
800
CH=2.396
2.635
2.636
Mount Nelson Hotel, PO Box 2608, Cape Town 8000
Telephone: +27(0)21 483 1000 Facsimile: +27(0)21 483 1001 Email: reservations@mountnelson.co.za
www.mountnelson.co.za
Mount Nelson Hotel Ltd (Reg. No. 1897/000011/10). Incorporated in England
DW890
#636
S1:50

詰まっている。

「レディ・エマ・ハミルトン」というあざやかなオレンジ色をしたイギリスの美しい薔薇がある。

かのトラファルガー海戦*でイギリス艦隊がフランス・スペイン連合艦隊を破ったのだが、エマ・ハミルトンとは、そのホレーショ・ネルソン提督の愛人の名である。

イギリス人はこの「ハミルトン」という響きが好きで、美しいイングリッシュ・ローズにその名をつけてしまったのだが、偉大な英雄「ネルソン」の話ももちろん大好きで、南アフリカの先端に近いケープタウンのこのホテルにもその名を冠してしまった。

１階にはLOAD NELSON ROOMと、まるで提督の部屋のような暗くいかめしい会議室まである。格(ごう)天井のようなリブがついた木の壁……その上部には海戦の額絵が並び、いまにも隻眼(せきがん)・隻腕の提督の亡霊が現れそうだ。

パームツリーの中にたたずむ１９８室の５つ星ホテルは、あの頂部が平らな高さ１０００m以上もあるテーブル・マウンテンの直下にあり、まるで高級なリゾートホテル。建物外壁こそ一部は淡いピンク色だが、インテリアは例の部屋以外、廊下やゲストルームを含めて香るような優雅な白で溢れている。ダイニングルームも真っ白で、床は白黒の市松柄というコロニアル・デザイン。

目を射るような紺碧の空、ゆっくり揺れるパームの黒いシルエット、鮮やかな芝生の緑、そして乾いた空気。そこにコロニアルな白の建築群。この白は元植民地で見ると独特なものがある。

レターペーパーに入りきらなかったが、宿泊したゲストルームには約２０００㎜と奥行きの深いバルコニーもある。明るいグレーのカーペットにさらに明るいグレーの紋様。幅木や建具、建具枠、天井見切縁は白で、壁と天井は卵色の淡い黄緑がかったクリーム色というエレガントさ。カーテン、椅子張り、クッションなどは抑えられた淡さで上品そのもの。そこにウエルカム・フルーツの青りんごがそっと添えられるという鮮やかな演出。

平面こそ特徴があるというほどのものではないが、その優雅な雰囲気はどこにでもあるものではない。ダブルベイスンのバスルームは床と壁が明るいライムストーン。とても広い。

この栄華の残り香みたいなホテルは、それは鼻持ちならないようなものなのだが、その大英帝国の植民地政策、覇権主義の強大さに今更ながら舌を巻く。

テーブル・マウンテンのような720㎜という高さのベッドで、大英帝国をいろいろ想像しながらアフリカ大陸最南端の眠りに落ちた。

夢にネルソン提督の亡霊は出てこなかったが。

＊トラファルガー海戦

Battle of Trafalgar 1805年10月21日にスペインのトラファルガー岬沖で行われたナポレオン戦争における最大の海戦。イギリスはこの勝利によりナポレオン1世の英本土上陸の野望を粉砕したといわれる。ホレーショ・ネルソン提督（1758－1805）率いるイギリス艦隊は連合艦隊に大勝利したが、ネルソンは狙撃兵の銃弾に倒れ絶命した。なお、ネルソンはその前、コルシカ島で右目の視力を失い、その後カナリア諸島の戦乱で右腕を切断し隻眼・隻腕であった。

ディテリオレーション

Hotel Caron de Beaumarchais

カロン・ドゥ・ボーマルシェ

フランス／パリ

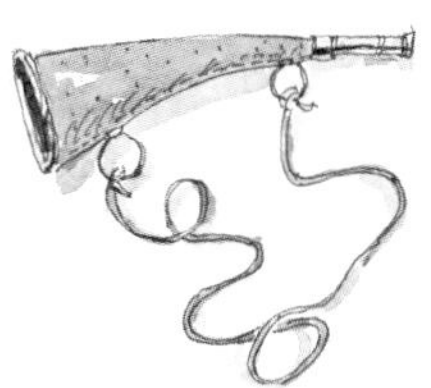

パリはリヴォリ通りからマレ地区に入ってすぐ。いわゆるプティ・ホテル。ブティック・ホテルともいわれている。エントランスのファサードだけ青く塗られているから目立つ。小さなロビーでレセプショニストらしきおじさんが一人、たくさんの書類を積み上げたデスクの前でにこやかに出迎えてくれた。いかにもフロントというカウンタースタイルより親しみが持てる。ロビーの壁は花模様のクロスの緞子張り。*たくさんのアンティーク家具や額絵に囲まれたラブリーなインテリア。

観光に、買い物に、食事にとても便利な立地。ポンピドゥー・センターやピカソ美術

Add: 12,rue Vieille-du-Temple 75004 Paris, France
Tel: +33 1 42 72 34 12
URL: https://www.carondebeaumarchais.com

最近LGBTカルチャーの中心と目されているマレ地区にある。

Hôtel

Caron de Beaumarchais

★★★

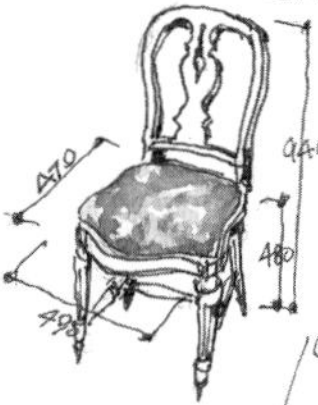

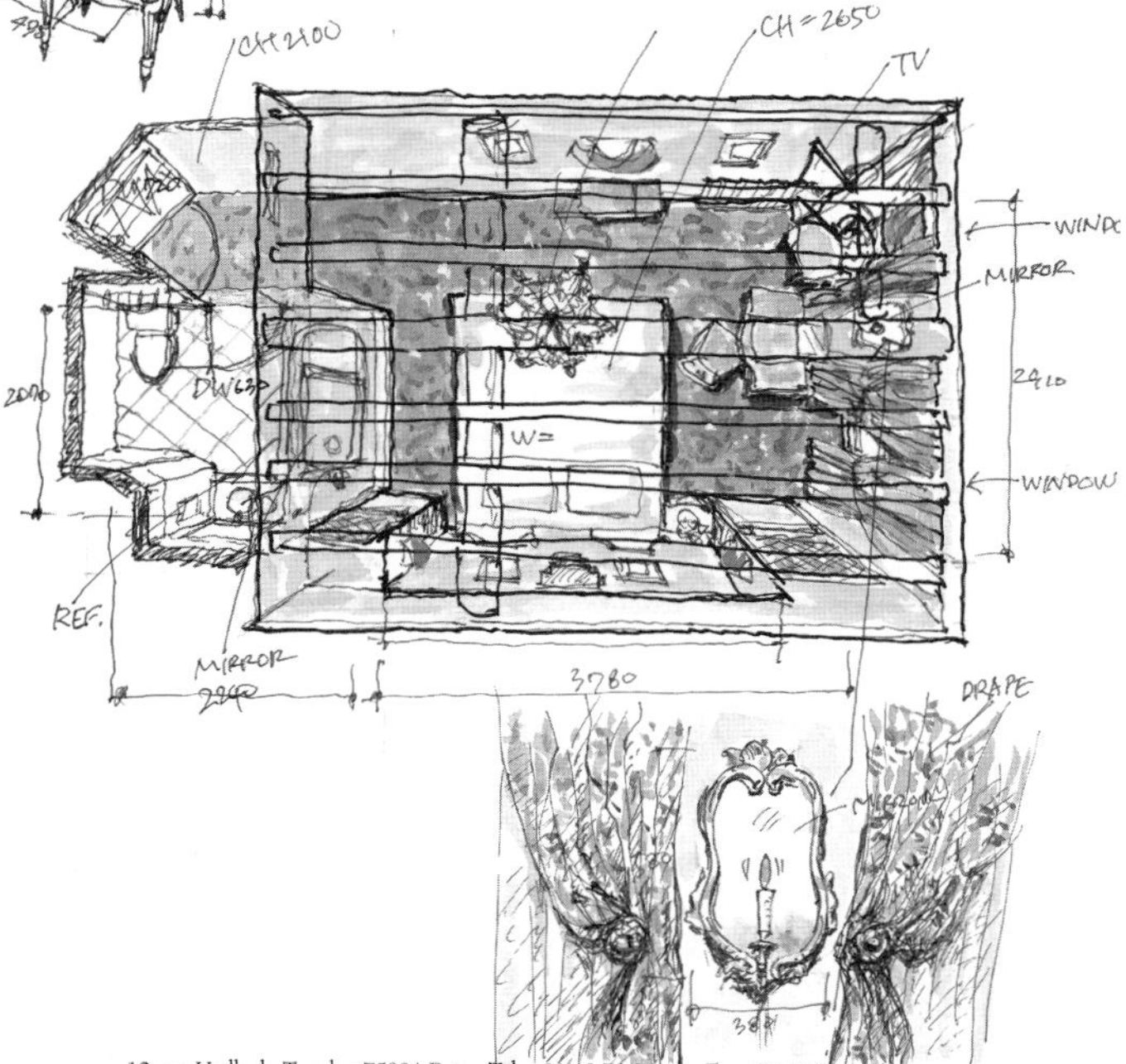

12, rue Vieille-du-Temple • 75004 Paris • Tél. : 01 42 72 34 12 • Fax : 01 42 72 34 63
E.mail : hotel@carondebeaumarchais.com - Internet : www.carondebeaumarchais.com
RC Paris B 382273654 - TVA Intracommunautaire : FR 62382273654

館にも近い。

ゲストルームは小さいが、妙に落ち着く。ここに何日も滞在したが飽きない。古材を使った天井の木の梁が太い。鳥瞰スケッチにしてみる。

ライティング・デスクはジャンピングして化粧台になる。その奥にある鏡に付いたキャンドル型の照明器具はよくできているので感心する。炎の部分はガラスでできているのだが、それが揺れ動く。薄いメタルが多分照明の熱でスイングするだけなのだろうが、そのゆらめきが自然。よくできていてこれは安全。

白と青のバスルームもけっして広いとは言えないが、過不足がなく、清潔。

夕食をいただき、ホテルに帰ってきて驚いた。

なんとホテルが火事！　訓練ではない。まさかあのキャンドルではあるまい。はしご車がはしごを伸ばし、ボンベを背負った消防士がたくさん走り回っているではないか。ホテルの従業員が、暖炉の煙突の中にあった紙を取り忘れて火を点けてしまったとか。「ぼや」で済み、水浸しも免れたが、しばらく焦げ臭さは消えない。パリは古い建造物に神経を尖らせていることがよくわかった。ホテル・ドゥ・コレクショナールでも訓練に遭遇したが、パリではよくよく火事騒ぎに縁があるようだ。

何泊もしたのに、ホテルは申し訳ないと1泊分の宿泊費を受け取らなかった。

バスティーユで年に2回催される骨董市アンティーク・ブロカンテに行く。

数百といわれる店が河の両岸に並び、それはそれは広くて、一店ずつ見ていくと一日かかる。あまり価値のないような古道具もあるが、長い時間経過に重い価値を見出す人々が、それだけたくさんいるということに感心する。

クリニャンクール*やサン・トゥアンの常設のフリーマーケットや家具屋も見てまわる。再訪なのだが、またも膨大な店の数に圧倒された。安い食器から版画、高価な照明器具、日本の仏壇まである。ひやかして歩くだけでこれも一日はかかるだろう。土、日、月曜だけオープンされ、家庭向きの古道具を買い求める家族連れで賑わう。面白いレストランもあって楽しめる。アンティークは眺めるものではなく、とにかく日常使うものとして探しているのだ。だからリペア（修理）ショップが成り立つ。

ディテリオレーション（deterioration）という概念がある。古びる、悪化、劣化、低下するというような意味。火事騒ぎとアンティークでこれが気になってきた。

＊緞子張り
壁に布地を張る工法。クッションになる材料を入れ、周囲だけを留めるので布団を張ったようにふわふわとする。

＊クリニャンクール
Clignancourt パリ市中心から地下鉄で約30分。約３０００軒の店舗がひしめき合い、パリで最大の常設蚤の市といわれる。生活雑貨から家具、古着、美術品、アクセサリー、ガラクタまで売っている。

ブータンのマツタケ

Hotel Phuntsho Pelri

ホテル・プンツォ・ペルリ

ブータン／ティンプー

ブータンの首都ティンプーにある比較的大きなホテル。外観や吹き抜けなどにブータン的意匠が見られるが、ゲストルームはごく一般的な西欧型プランに見える。しかし便器の脇にシャワーヘッドがついているのを見逃さなかった。これは洗浄用か？ イスラム圏の客や友好的なインドの客があるとみえる。

近くの市場で安くて大きなマツタケを見つけ、欣喜雀躍（きんきじゃくやく）してホゲホゲと買い込み、ホテルの厨房に頼んでバタ焼きのフォイル包みに調理してもらった。快く応じてくれたが、かなり変わった人たちだと思われたに違いない。ブータンではマツタケは珍重されていないのだ。その味は素晴らしいものであったのだが……。

Add: Dondrup Lam, Thimphu, P.O.Box. 159, Bhutan
Tel: +975 2 334 970
URL: www.bhutanhotels.com.bt

ティンプーの中心部までも遠くない。

HOTEL PHUNTSHO PELRI

THIMPHU BHUTAN

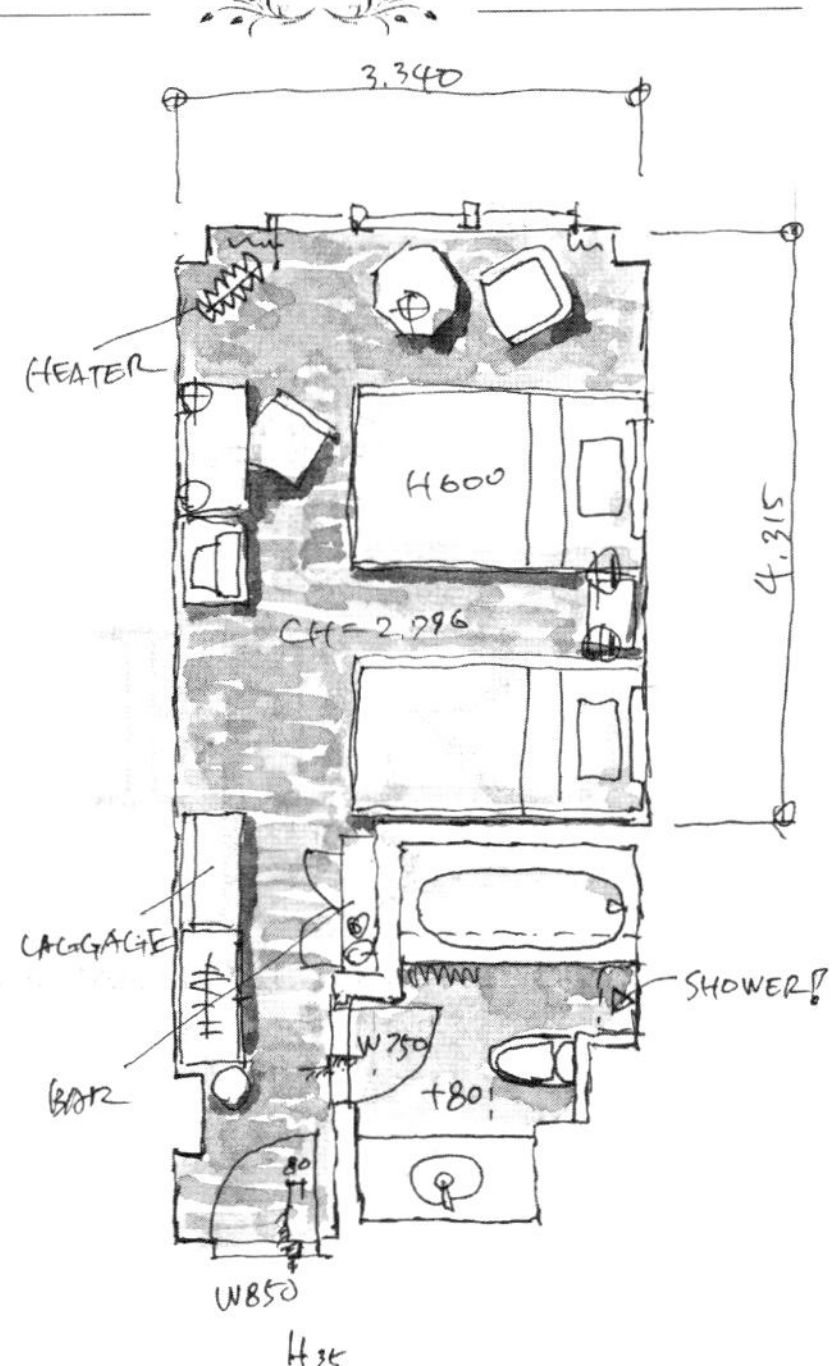

07/SEP./2012

Tel: 00975-2-334970/71/72Fax: 00975-2-334974 e-mail: phuntshopelri@druknet.bt/hotelpp1@gmail.com
P.O.Box 159 Website: www.bhutanhotels.com.bt

およそ最近新しくつくられたホテル建築などはでき上がったときがいちばん美しく、だんだんみすぼらしくなってくる。つまり経年で味が出てくるようなものがほとんどなく、「時間」は空間づくりのテーマになっていない。劣化したり、古びることをディテリオレーション（deterioration）というが、今ではピカピカの新品がいいとされるのだ。いったいそれでいいのだろうか。

工芸品などは「金継ぎ」に目を向けられているというが、時間の経過とともに価値が上がる「味」のことか、修理したりすることをデザインのシステムに組み込むことはできないものなのか？

オールドホテル代表

Sofitel Legend Metropole Hanoi

メトロポール

ベトナム／ハノイ

Add: 15 Ngo Quyen Street, Hoan Kiem District, 10000 Hanoi, Vietnam
Tel: +84 24 3826 6919
URL: https://www.sofitel-legent-metropole-hanoi.com

ハノイのホアンキエム湖やオペラハウスに近い。ソフィテルグループ。

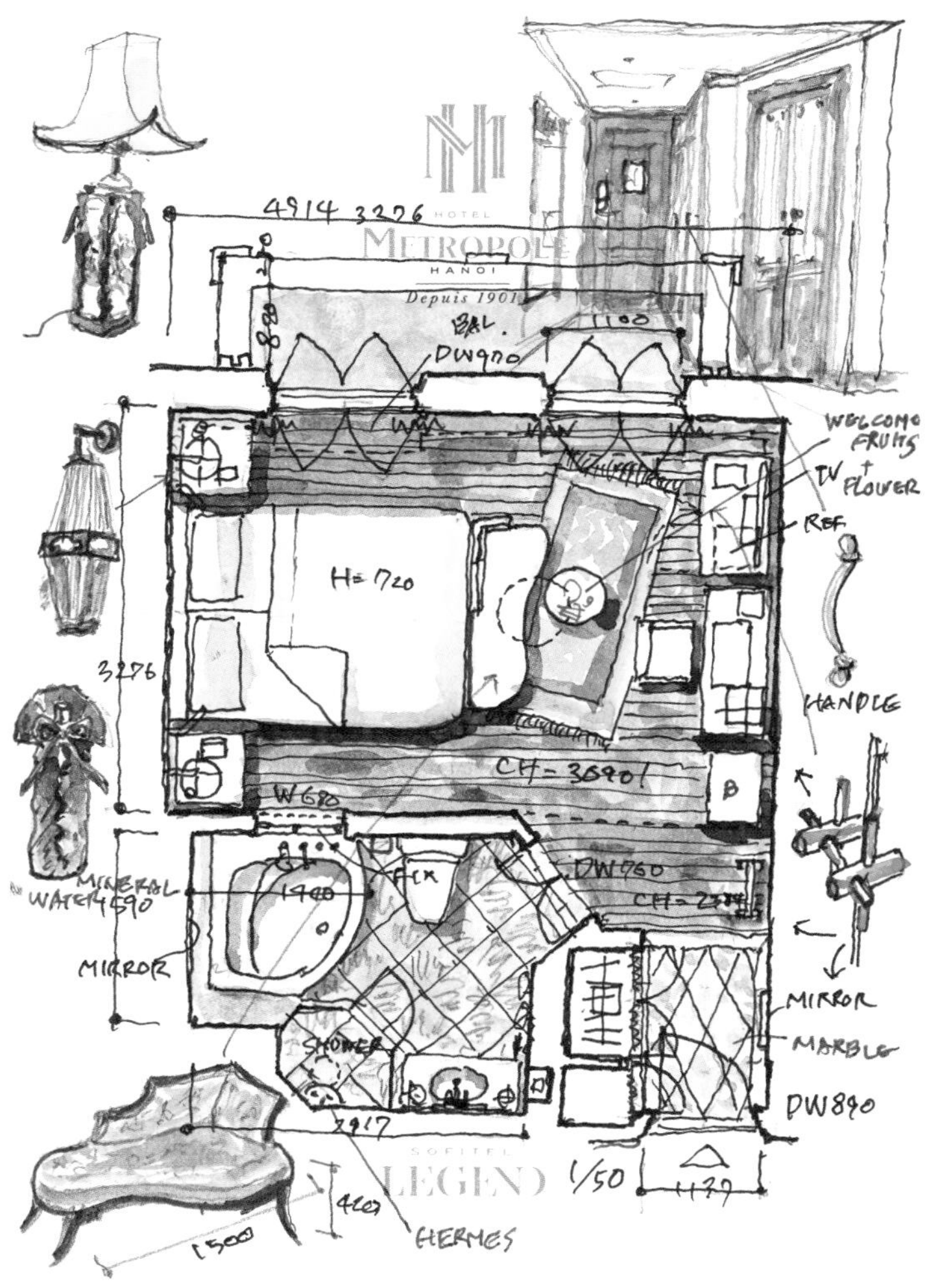
HOTEL
METROPOLE
HANOI
Depuis 1901
4914 3276
BAL.
1100
DW 970
WELCOME FRUITS + FLOWER
TV
REF
H=720
HANDLE
CH=3090!
W680
B
DW760
CH=2384
MINERAL WATER 4590
1400
FIX
3276
MIRROR
MIRROR
MARBLE
SHOWER
DW890
2917
SOFITEL
LEGEND
1/50
1137
420
1500
HERMES

ノイバイ国際空港から車で40分。ホアンキエム湖周辺、増田彰久（ますだあきひさ）さんの写真集*でよく見た、外壁がイエロー・オーカー*色に塗られたコロニアル建築が多いハノイ・フランス地区。その中でまぶしいほどの白亜のホテルに到着。オペラ座もすぐ近い。

夕刻になるとクリスマスが近いせいでイルミネーションがいっぱいに飾られ、それをバックにウエディング姿のカップルが何組も撮影をしている。

1901年創業というから、帝国ホテルのライト館より古い。インドシナ半島では最高級コロニアル・ホテルの代表格として歴史がある。フランスが敗北してベトナム撤退となったディエンビエンフーの戦い、日本軍の進駐、アメリカとのベトナム戦争などを経験し、それらが綴られた書を繰るだけで数日を要するほど。ロビーには壊れた食器まで展示されている。ロビーで目を閉じると軍靴の音まで聞こえてきそうだ。開業当時の写真を見ると、ホテルにはマンサード風の屋根が載っていたことがわかる。あのトランプ大統領と北朝鮮のキム・ジョンウン委員長との不調に終わった2回目の米朝会談は、ここが舞台となった。

少し薄暗いフロント・レセプションでチェック・イン。オペラ座側ではなく、公園に面したヒストリカル・ウイングに投宿。

飾り卓にデスク照明が並ぶ客室廊下は、設備点検扉まで厚い南洋材の木でできていて重厚。塗装もほとんど全艶。ブラケットランプだけが並ぶより風情がある。

ここのウイングは各室バルコニー付き。部屋の天井高は３ｍを超え、天井ファンがコロニアル建築らしくけだるく回る。ドレーパリー・カーテンなどウインドウ・トリートメントは正統。キーこそカードキーになっていたが、木のドンディス・サイン*は大きい。家具の把手（とって）など建築金物もいろいろ面白い。手の跡を感じる。ベッド足元には小ぶりのカウチ。何度も改装されたと思われるが、使い込まれたそこかしこに美しさと安心感が漂う。年月のなせる業。香りも残っているような気にさせられる。

比較的新しく改装されたバスルームにはＦＲＰ（繊維強化プラスチック）の大きなタブと一面の鏡。アメニティはエルメス。ワードローブもそうだが、カフェカーテン付きの両開きドアがフランス的。

オールドホテルを隅々まで楽しんだ。

ホテルの中庭では、ノンラー*と呼ばれるたくさんの笠でつくられた大きなクリスマスツリーの下で、少数民族の女性たちが精緻（せいち）なステッチやろうけつ染の布地を売る店を出

＊写真集『建築のハノイ～ベトナムに誕生したパリ』
増田彰久（写真）、太田省一（文）。白揚社刊。

＊イエロー・オーカー
フランス南部の建物に多く塗られた酸化鉄の黄土色塗料。オークルともいう。

＊ドンディス・サイン
ゲストルームの外側に下げるDon't Disturbサイン。

していて、冷やかしのつもりがつい買ってしまう。

さて、黄土色の建物や市場を見歩いた後は、旧市街でバイクの洪水に身を投じて、おいしいフォー*やブンチャ*などを求めて探し歩くとするか。

＊ノンラー
Nón-láラタニアの木の葉でつくった円錐形のベトナムの帽子。

＊フォー
Pho 米粉でできたベトナムの麺。あっさりした出汁につみれ、パクチーなどを載せて食べる。

＊ブンチャ
Bun Cha つくねや焼いた豚肉などの鍋。「つけめん」のようにして食べる。野菜もたっぷり。おいしい。

オペラ座正面にいたる道。ハノイは緑が多い

column 4

なんでも描く

本書に掲載されているものはスケッチに過ぎない。

実測をしているのは自分の理解のためでしかなく、でき上がったスケッチは単なる記録、いわば形骸に過ぎない。人に見せるためではないのだが、ある種のルールで描かれているから、建築設計やインテリアデザインなどに携わっている方々にとってはよくわかる、面白いと言ってくださる。平面図というのは頭の中でトランスレートした抽象画みたいなものだからわかりにくいものだが、家具に影をつけたりして臨場感を出すとわかりやすい。

シカゴのホテルで描きかけのスケッチを発見したハウスキーパーのおばさんは、「あなたは天井に登ったのか?」と目を剝(む)いた。

見て描くのは言ってみれば、いつかどこにもないものを見ないで描けるようになるためだとも言える。どんなものでもたくさん描いていると、やがて何も見なくても描けるようになる。想像と創造が交錯する。いろいろな視点からイメージスケッチを描いていると、空間を理解できるようになる。逆に言えば、描かないとわからないので、納得するまで描く。描いたものを見てやっと納得するようになってしまったのかもしれない。バランスやその空間に占める家具のボリュームなどもチェックできる。もちろん図面のようなスケッチも描く。描けないものはつくれないのと同じことだ。

いつの間にか観察は造形となり、もやもやしたイメージスケッチから確信の絵にすり替わる。それが発注のためにCADなどの設計図に変わり、施工がはじまると自分の手から離れていったような気になってなんとなく寂しくなる。

スケッチはゲストルームに限るわけではない。手当たり次第になんでも描く。机上の静物、窓外の風景、木や花や昆虫、天然の事象……なんでもいい。自分の感興を確かめ、目と手と頭を結ぶ三角形が正常かどうかを確認する体操のようなもの。

色彩も大事。私は水彩のほうが色鉛筆より楽。パレットの上で混色して確かめる。時にはマテリアルボードまでつくる！

写真はいけない。モノをしっかり見なくなる。スマホでパチリとやっても「見た気」になるだけ。備忘録にもならない。

手当たり次第記述したいという欲求……フランスの作家、ル・クレジオ*が、かつてできる限りすべての事象を自動的に記述することに取り組んでいたが、あれに近い偏執症的心理か。

気が付いたこともなんでも記すためにスケッチブックを離さない。この頃はモレスキン社の「方眼クラシック」を持ち歩いている。

＊ジャン＝マリ・ギュスターブ・ル・クレジオ Jean-Marie Gustave Le Clézio（1940－）フランスの小説家。代表作に『発熱』『調書』。2008年ノーベル文学賞受賞。

美術鑑賞専用宿

Gran Hotel Domine

グラン・ホテル・ドミネ

スペイン／ビルバオ

Add: Alameda Mazarredo 61 48009 Bilbao, Spain
Tel: +34 944 253 300
URL: http://www.hoteldominebilbao.com/es/

予約する際はグッゲンハイム美術館ビューかどうかを指定すること。

スペインのビルバオは、フランク・O・ゲーリー*設計のグッゲンハイム美術館ですっかり有名になってしまった。美術館が観光資源の要となるとは大変なことである。その周辺はすっかり整備されて、気持ちのよいオープンスペースが広がる。

美術館の前庭にPUPPY（子犬）というジェフ・クーンス作の、花で覆われた高さ12・4mもの犬の彫刻*が鎮座している。わが家で飼っているウエスト・ハイランド・ホワイト・テリアという犬種と同じなので、とても親しみがあり、思わず顔がほころぶ。

グッゲンハイム美術館は、ゲーリーのロサンジェルスのディズニー・ホールやスペイン・エルシエゴのホテル「マルケス・デ・リスカル」などと比べてもずっとよい出来だ

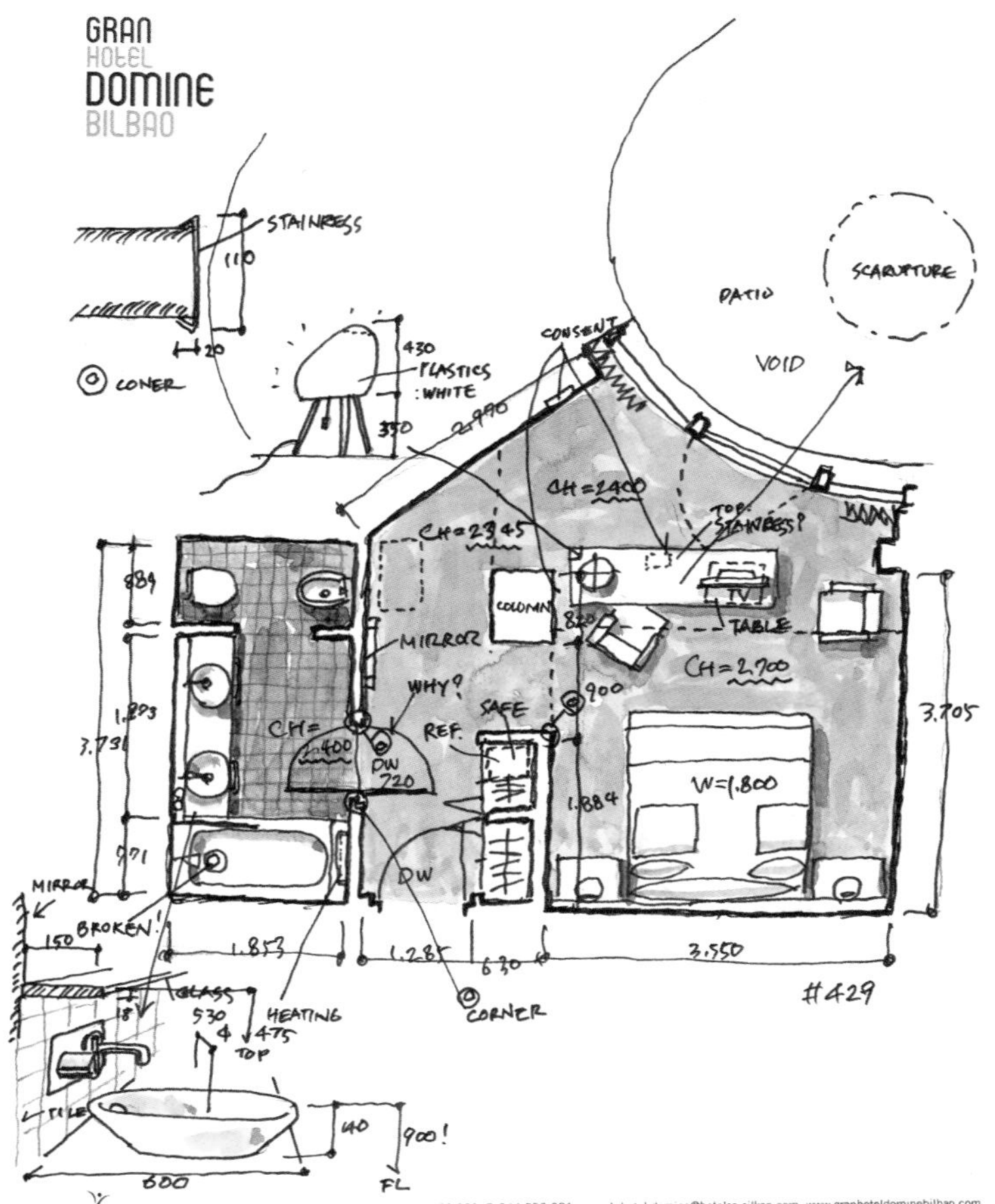

HOTELES SILKEN Alameda Mazarredo 61 48009 Bilbao T. 944 253 300 F. 944 253 301 e-mail: hotel.domine@hoteles-silken.com www.granhoteldominebilbao.com

と思う。

展示物も世界最大級の展示室にあるリチャード・セラ*の巨大な彫刻など圧巻で、これを見るだけでも来た甲斐があったと嘆息するくらいなのだ。

美術館を川沿いに少し進むと、カラトラーバ*設計の歩行者専用橋がある。できてからずいぶん経つのだが、このような構造主義に建築の健全さが見える。床面にカーペットみたいなものが敷かれてしまったが、竣工当時は透明ガラス張りであったようだ。やはり恐怖感には勝てなかったか。


橋というと、ちょっと足を延ばすとビルバオ郊外のビスケー湾に面するイバイサバル川の河口付近に不思議なものがある。あのエッフェル*の弟子筋のバスク人、アルベルト・デ・パラシオ*が１８９３年、珍しい「運搬橋」ビスカヤ橋を設計して、いまだに使われているのだ！　２００６年には世界遺産に登録された。

幅１６４ｍの川幅いっぱいに、高さ50ｍの鉄骨が架けられ、そこから10本くらいのワイヤーでゴンドラが吊り下げられて、約50人と最大６台の車を乗せて、川の上をゆっくり動いて往来している。これは建築なのか、乗り物なのか。鉄鋼と造船の街で、大きな船の往来と橋の重要性を両立させたとはいえ、不思議な工作物である。私たちはエレベータで最上部にいたり、鉄骨の上空のブリッジをまず徒歩で渡り、川面に近いゴンドラに乗って戻ってきたのだが、ブリッジの床は板敷きでところどころ隙間があって、はるか45m下に水面が見えて足がすくんだ。もちろん左右の壁にネットはある。高所恐怖症の人以外はオススメ。

さて、ホテル。このホテルはあの美術館のすぐ前にあってこれ以上の近さはないから、客が絶えない。私たちもそうした。

145室の中でスタンダード・ルームではなく、あえて彫刻がそそり立つ楕円形の中庭に面した部屋を選んで2泊したのだが、独立柱もあるけれど、広くてなかなか面白い。外部に面した窓がなく、ゲーリーの造形を四六時中見ていなくていいので、やや落ち着くということもある。

バスルームのドアがスイング・タイプというのが変わっている。またそのドア枠がステンレスの厚板であったりするのだ。バスルームがガラスでできた部屋もある。

屋上のダイニングルームは、ガラス張りのペントハウスのようで、開放的。朝、美術館を目の前にして一日のプランを立てる。ビルバオでは不思議なものに出会うので、今日も何かあるかもしれない。

＊フランク・O・ゲーリー

Frank Owen Gehry（１９２９－）カナダ・トロント出身のアメリカの建築家。チタンパネルなどで複雑な造形の建築を世界中に送り出している。プリツカー賞など受賞多数。コロンビア大学大学院教授。

＊PUPPY

アメリカの彫刻家ジェフ・クーンズ（１９５５－）の作品。巨大なキッチュ・イメージの彫刻で知られる。

＊リチャード・セラ

Richard Serra（１９３９－）サンフランシスコ生まれのアメリカの彫刻家。ニューヨークをはじめ、公共の場で巨大な鉄の板を組み合わせた彫刻を世界の諸都市につくる。１９９４年高松宮殿下記念世界文化賞受賞。

＊カラトラーバ

Santiago Calatrava Valls（１９５１－）バレンシア生まれのスペインの建築家。厳格な構造技術による建築が多い。「ミルウォーキー美術館新館」「イシオス・ワイナリー」「アテネ・オリンピック・スタジアム」など。

＊エッフェル

１８８９年のパリ万国博のための構造物モニュメントコンペが催され、ギュスターブ・エッフェル（１８３２－１９２３）の案が採用された。

＊アルベルト・デ・パラシオ

Alberto de Palacio（１８５６－１９３９）ビルバオ出身。エッフェルと親交があったといわれる。

世界最古の運搬橋、ビスカヤ橋

円形の夢

The Yuluxe Sheshan, Shanghai, a Tribute Portfolio Hotel

ザ・ユルクセ・シェシャン・上海

中国／上海

彫刻の展示場から近い大きなホテルだが、投宿したときは他に誰も泊まっていなかった。

円を造形のコンセプトにしたゲストルーム。

バスルームは珍しい扇形。置き敷きカーペットもソファも円形がモチーフ。

でもちょっと無理があるなあ。

Add: 1288 Lynyin Xin Road
She shan, Shanghai 201602 China
Tel: +86 21 5779 9999

彫刻公園が近い。

ザ・ユルクセ・シェシャン・上海

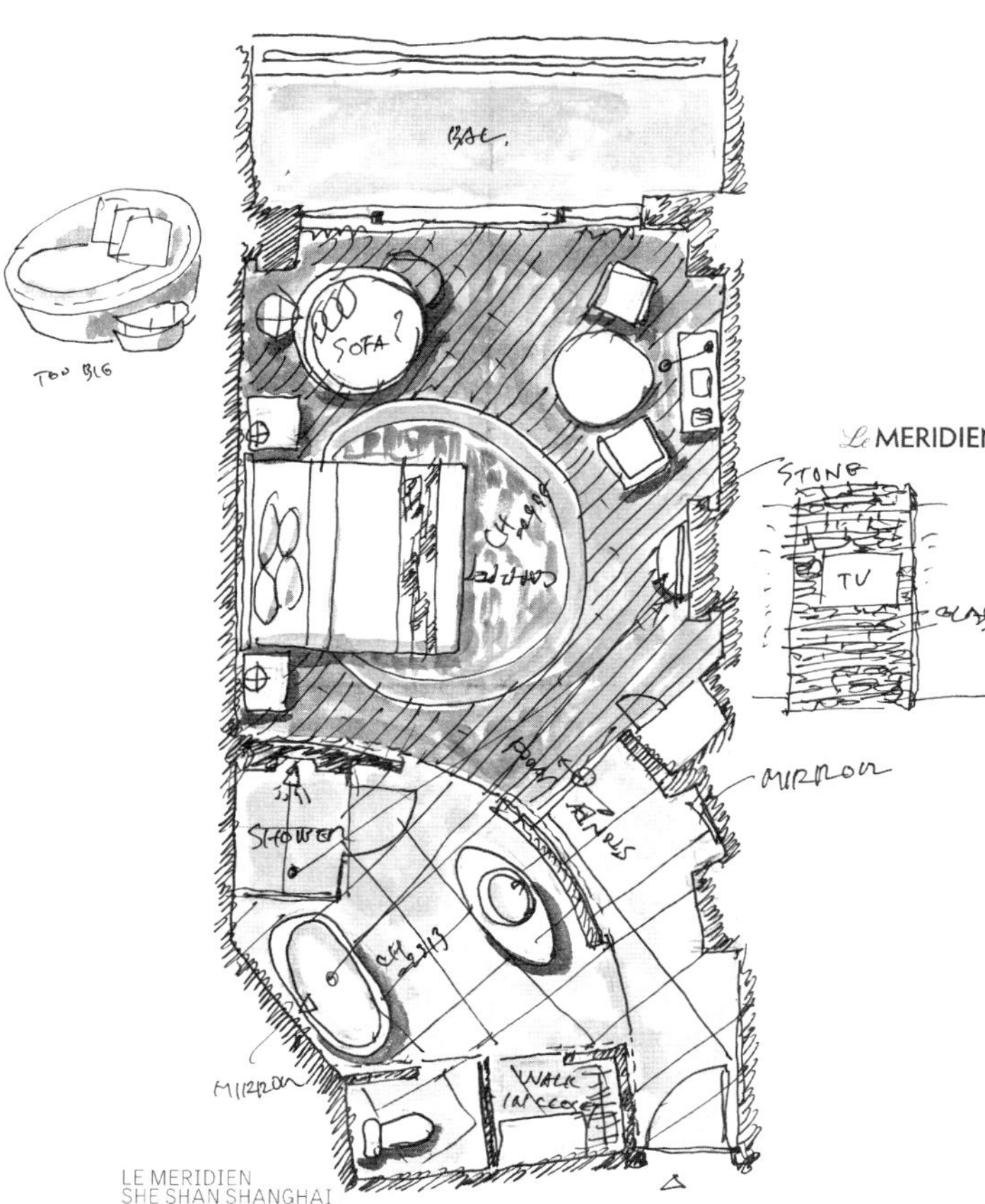

LE MERIDIEN
SHE SHAN SHANGHAI
上海世茂佘山艾美酒店
1288 LINYIN XIN ROAD
SHE SHAN NATIONAL TOURISM RESORT
SHANGHAI 201602 CHINA
中国上海佘山国家旅游度假区 林荫新路1288号 邮编 201602
T +86 21 5779 9999
F +86 21 5779 8999
lemeridien.com/sheshan

N 31° 6' E 121° 12'

書籍偏執症

Cour des Loges

クール・デ・ロージュ

フランス／リヨン

Add: 6 rue du Boeuf - 69005 Lyon, -France
Tel:+33 4 72 77 44 44
URL: http://www.courdesloges.com

ソーヌ川に近い旧市街。フルヴィエール・ノートルダム大聖堂へはケーブルカーで。

かつて絹織物で栄え、都市圏規模でフランス第二の都市リヨン。その旧市街の古ーい路地に面したホテル。

赤い壁のトンネルのようなエントランス・アプローチを歩いていくと、異次元の世界に誘うようにガラスの自動ドアが妙な音を響かせる。

ダイニングを兼ねた中庭の吹き抜けまわりには、濃い黄色のアーチと赤い壁の回廊。時間がゆっくりと巻き戻されるような不思議なタイム・スリップ感。

フランスというと、なぜいつもこんな暗いホテルを選んでしまうのかわからないのだ

Cour des Loges

★ ★ ★ ★ ★

LYON

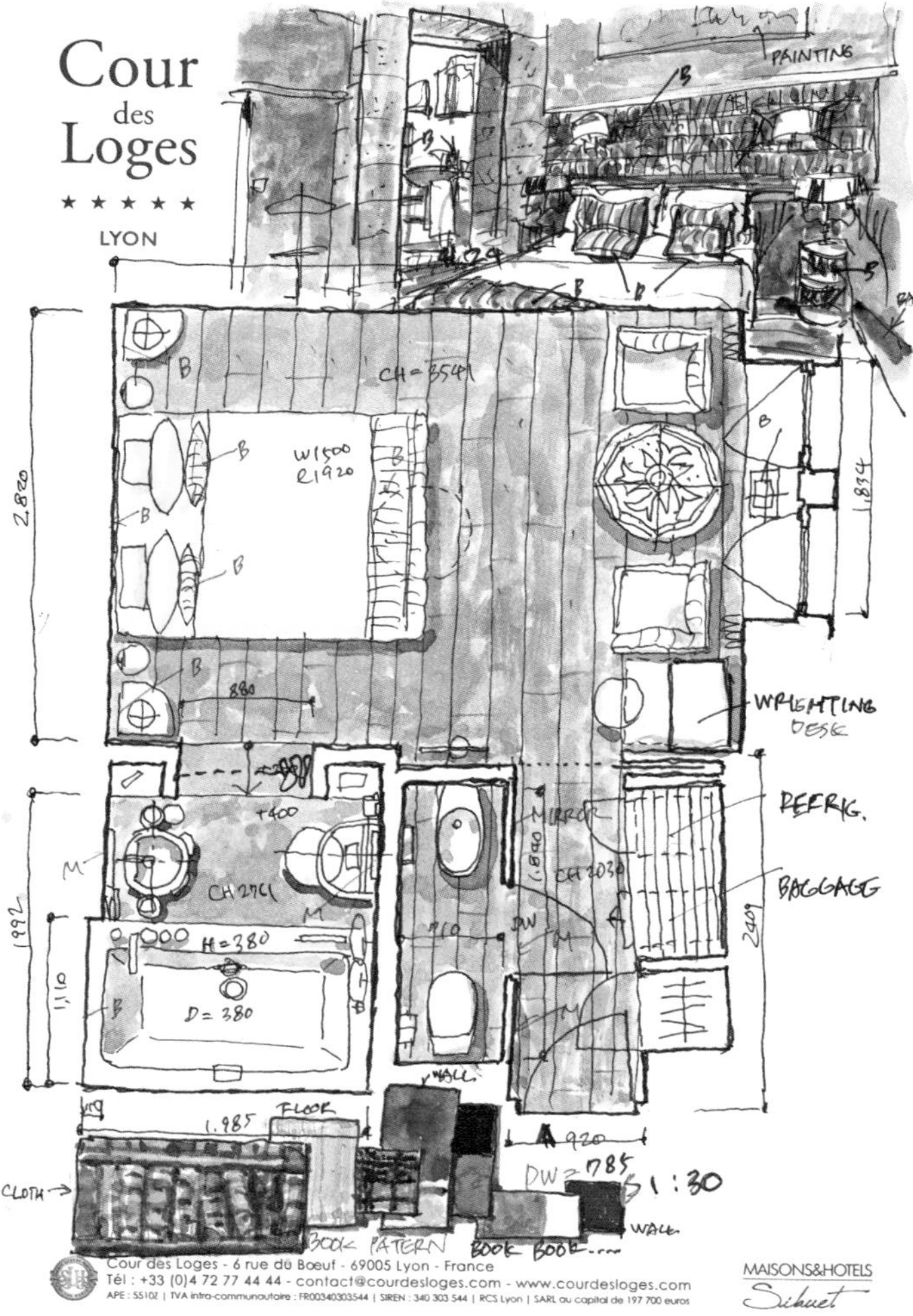

Cour des Loges - 6 rue du Boeuf - 69005 Lyon - France
Tél : +33 (0)4 72 77 44 44 - contact@courdesloges.com - www.courdesloges.com

けれど、とにかく部屋はすべて暗い。そして重い。

そのゲストルームに入って目が慣れてきて息を呑(の)んだ。その部屋のテーマはなんと「ライブラリー」だったのだ。

ベッドルームの一面、サイドテーブル、バスルーム、ランプのボディ、ベッドのクッション、ベッドスロー……それらがすべて古い本の背がずらりと並んだ写真で、リアルな壁紙や裂地(きれじ)で埋め尽くされ、一部には本物を使ってあって思わず吹き出してしまう。パラノイア*がこちらに感染し、書籍に押し潰(つぶ)される夢を見そうだ。

部屋によっていろいろなテーマのインテリアがあるらしく全部見たくなる。

照明が少ないから室内の暗い赤、重いピンクや濃い茶も影の中。ぎいぎい音をたてるアンティーク家具のライティング・ビューローやコーヒーテーブル。床のフローリングはユーズド・オーク。小さな中庭に面する窓を開けるとたっぷりしたドレープ・カーテンがわずかに動く。

でも、ベッドルーム・レベルから400㎜上がったメザニンのバスルームはモダン。湯が溜(た)まるのに時間がかかるほどとても大きなバスタブ。オーバーヘッド型のシャワーは雨のよう。スタンド・タイプの洗面台は意外に使いやすい。

便器やビデは部屋のエントランス近くにあるけど、手洗い器はこの近くにない。フランス人の多くはトイレの後に手を洗わないってほんとらしい！

探検と実測が一段落したので、世界遺産の旧市街、すり減った石畳をひたすら歩きまわる。ホテルに近いソーヌ川沿いには川俣正（かわまたただし）さん*のインスタレーションのようなアート。ダブル・ランプ（斜路）とあるが、遠目で見ると工事現場の足場だと思ってしまうほど風景に溶け込んでいる。

リヨンは美食の街。どこも美味（おい）しいというが、ちょっと調べて新市街にあるレストランを予約すると、これが大当たり。インテリアはアールデコ。味が濃くなく洗練されている。

2日目、ぶらりと歩いていてすごいブション*に出くわした。オードューヴルばかりでなくアントレやデザートまでが大きな植木鉢みたいな器に入って5〜6個、お好きなだけどうぞとドーンとくる。テーブルが小さいからそれを積み重ねる。おおっこれはまるで日本の「おばんざい」の立体版ではないか！

「ポール・ボキューズ*の市場」という名のマーケットもある。何もかもとてもきれいでこんなに整然とした市場は初めて。猥雑さがなく、清潔でどの食材ももちろんいいものばかり。レストランもたくさんある。

リヨンはパリよりよっぽどのんびりしている。おいしい料理ばかりではなく、いろいろな記憶が加わった。

＊パラノイア
偏執症。

＊川俣正
（1953－）北海道三笠市出身のアーティスト。世界各地にワーク・イン・プログレスという手法で現地制作。東京藝術大学教授などを経て、フランス国立高等美術学校教授。

＊ブション
Bouchon フランス語で「ワインのコルク栓」を意味する居酒屋のようなレストラン。

＊ポール・ボキューズ
Paul Bocuse（1926－2018）フランスのリヨン近郊にあるレストラン「ポール・ボキューズ」のオーナーシェフで、ボキューズ・ドール賞の創設者。「ヌーヴェル・キュイジーヌ」の旗手といわれた。

ビリーのいる宿

Hotel Fischer

ホテル・フィッシャー

オーストリア／ヴァルタースドルフ

Add: Hauptplatz 58, A-8271 Bad Waltersdorf, Austoria
Tel: +43 3333/2273
URL: https://www.hotel-fischer.at

オーストリアの田園地帯ヴァルタースドルフにある一軒宿。

オーストリアの田園に忽然(こつぜん)とテルメというかリゾート&スパがあって、その近在の街に宿をとった。

リゾート&スパは大規模で清潔。太陽の下、一日中家族全員水着で過ごすことができるようにうまくつくられていて、品のいいモダンなリゾートになっている。温泉が湧き出てそれを利用してレジャーランドにつくったのだ。

たくさんの温泉プール、そのメニュー、レストランなど整っている。

身体(からだ)のいろいろな部位をジェットバスのように湯と気泡でマッサージする円形プール

A-8271 Bad Waltersdorf
Hauptplatz 58
Tel. 03333/2273
Homepage: www.hotel-fischer.at
E-Mail: hotel-fischer@waltersdorf.at

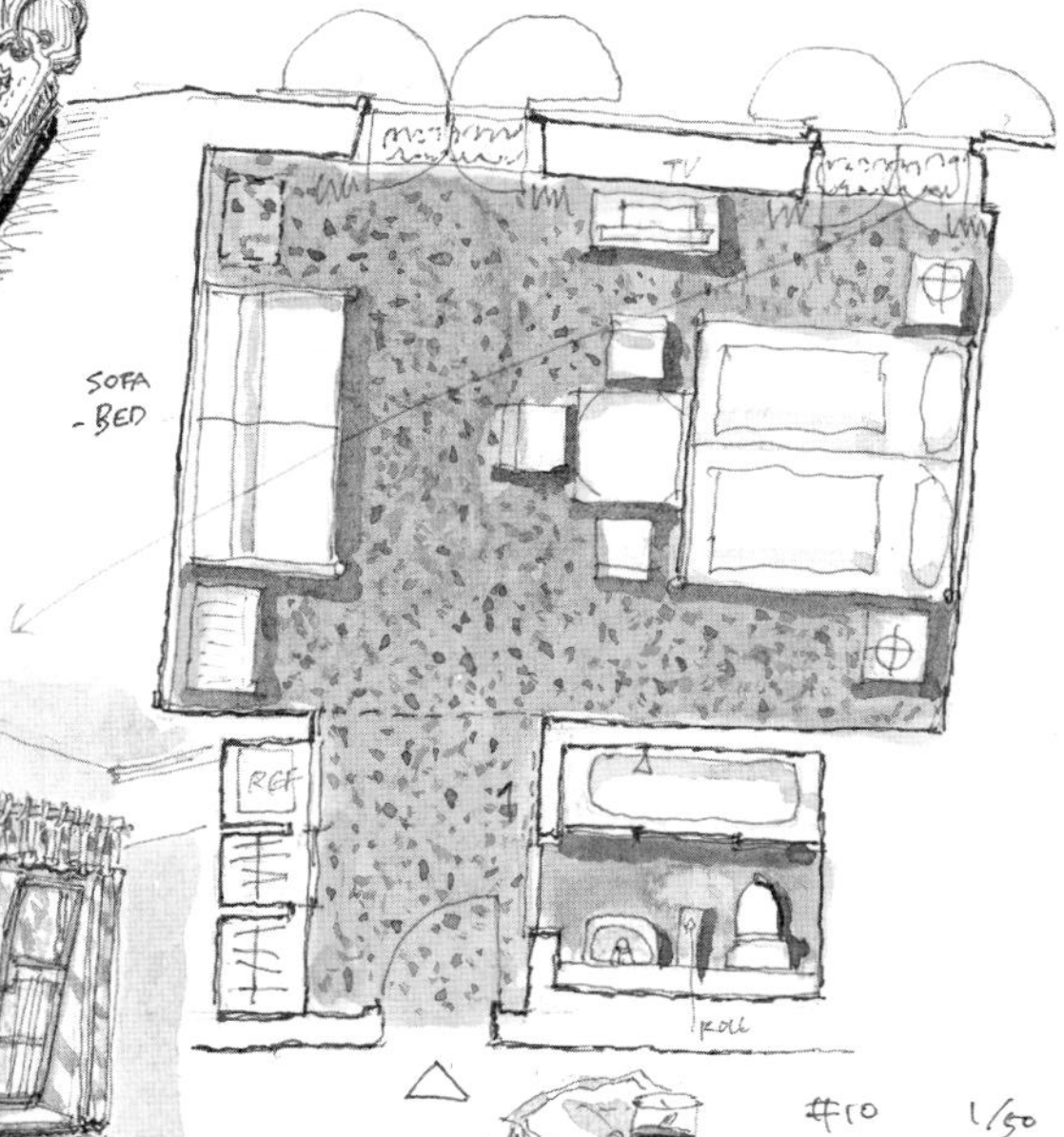

TV

SOFA
-BED

REF

roll

#10 1/50

"Lamp"

が気に入った。湯の勢いは強い。２分ごとくらいにチャイムが鳴っては全員が隣のノズルに移って行くのである。水着でフォークダンスを踊っているみたいで愉快。遊び感覚。中心のタワーから放射状にさまざまな気泡が出ているのですべてを経験できる。湯はややぬるめで透明。

その近く、小さな街にある小さなホテルに投宿。

ゲストルームは建物が道路に沿っているせいか、ゲストルーム平面もちょっと変形。素朴で好ましいインテリア。ベッドの足元にテーブルと３つの椅子があるというレイアウト。不思議なものだが時々見かける。部屋の中央にパーラーがあるというのもいいかもしれない。

レストランを売りにしているが、ラムチョップやベークドポテトのバジルバター添えなど素朴な料理がおいしくてワインが進む。スタッフは誰でもフレンドリー。

朝、散歩をする。街中、清潔でいろいろな花があふれていて美しい。

ホテルに我が家と同じウエスト・ハイランド・ホワイト・テリア種*の白犬がウロウロと放し飼いにされていて、こちらの相好がつい崩れてしまう。名は「ビリー」。

＊ウエスト・ハイランド・ホワイト・テリア
スコットランド原産の白色の被毛をもつ小型のテリア。ウエスティとも呼ばれる。

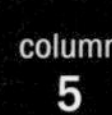

描いたあと

測りながら、なぜ描くのかといつも自問する。デザイナーとして自分の引き出しを増やすということももちろんある。ときどき思い返すように引き出しの隅まで調べるから、「しまい忘れ」はない。

造形は観察の賜物には違いない。

成果品は、資料としてパンフレットなどとともにクリアファイルのアルバムに保管するので、そんなアルバムが溢れている。たまに昔のスケッチを覗くと、その旅にまつわる諸々のことも思い出す。水彩で割合正確に着彩してあるので、色彩も思い出す。写真より退色しない。

凡夫は描いてやっと全体を理解できるということもある。隠れたモデュールやディテールを発見したときなど、そのホテルの設計者やアートディレクターにぐんと近づいたという実感がある。

まるで修行僧のような実測と作図・着色。最短で1時間半かかるのだが、妻は呆れて買い物に出かけるし、早く飲みにも行けない。習慣になっているから終わらないと落ち着かないのだ。そして習慣化したこの愚行を繰り返すたびに、「なぜこんなことをしているんだろう」とブツブツ自問しながら測り、描き続ける。

汲めども尽きぬ実測作業だが、「一応この辺で止めよう」という瞬間がくる。

では、その後どうするか。

やっと解放されたような気がして、シェリーをいただきにバーに行くのだが、陽が高いとよく美術館まで歩いて行く。大抵どこでも名作のような絵を何点か持っているような美術館があってそれを見るのだ。内容ももちろん見るが、私は絵が掛けられた空間や環境を見る。人混みなら絵は見ない。明るさ、天井の高さ、壁の色、静けさ、絵を見る人の姿……そのほうが面白いことだってある。

あるいは市場を探す。魚や野菜の新鮮なものを見ると、ほとんどその辺に住んでいる人の生活レベルや懐具合を覗いたような気になり、フムフムと納得する。ヨーロッパの大都市のそれは隅々まできれいだが、アジアの街の市場では、ものすごい魚の臭いなどに圧倒されることがある。

やがてお腹が空いてくる。ちょっと休みたくもなる。時々ちょっと贅沢にレストランを予約して、着替えてから乗り込んだりもするが、鼻と足だけで見つけることも多い。大ハズレのこともある。2晩あればリベンジできるのだが……。お酒はシェリーの他、地ワインみたいなものかハウスワインをいただくことも多い。リスボンの高級ホテルで宿代並みのワインを注文してしまったこともあった。いいものはやはり高い。

また私はかなりミーハーであることも告白しておこう。ホテルが小説や絵や歴史の舞台になったところを見たいのだ。その場でそんな気になってはフムフムと納得する。できればその部屋に泊まりたい。追体験好きは困ったものなのである。

ドイツ語であったが「著名作家が愛した有名ホテル」ばかりを集めた本をいただいたことがある。マルセル・プルースト、テネシー・ウィリアムス、トーマス・マン、アーネスト・ヘミングウエイ、F・スコット・フィッツジェラルド……掲載された64のホテルの中で泊まったことがあるものは7つ。文豪の仲間入りをしたみたいでうれしかったね、これは。

深い谷

Yangkhil Resort

ヤンケル・リゾート

ブータン／トンサ

Add: Tashipang, Thongsa, Bhutan
Post Box No.566
Tel: +975 3 521417/18/19
Mail: yangkhilresort@drunknet.bt

ブータンのトンサにあるコテージ型ホテル。

ブータンのほぼ真ん中、トンサの山の上みたいなところにあるリゾートホテル。深い谷を覗き込むようにして辿(たど)り着いた。標高はかなり高いと思う。トンサのゾン*が谷を隔ててよく見える。山や谷から霧が湧き出ていて霧の中のゾンが幻想的。

2室で1棟のコテージ。隣は対称プランの部屋。そんなコテージがいくつかある。バスルームが恐ろしく広くてベッドが置けそうだ。どうしてこんなことになったのだろう。

＊ゾン
ブータンの各地に残る庁舎と仏教寺院が一緒になった建築。豪壮なものが多い。

YANGKHIL RESORT

Post Box No. 566
TASHIPANG, TRONGSA

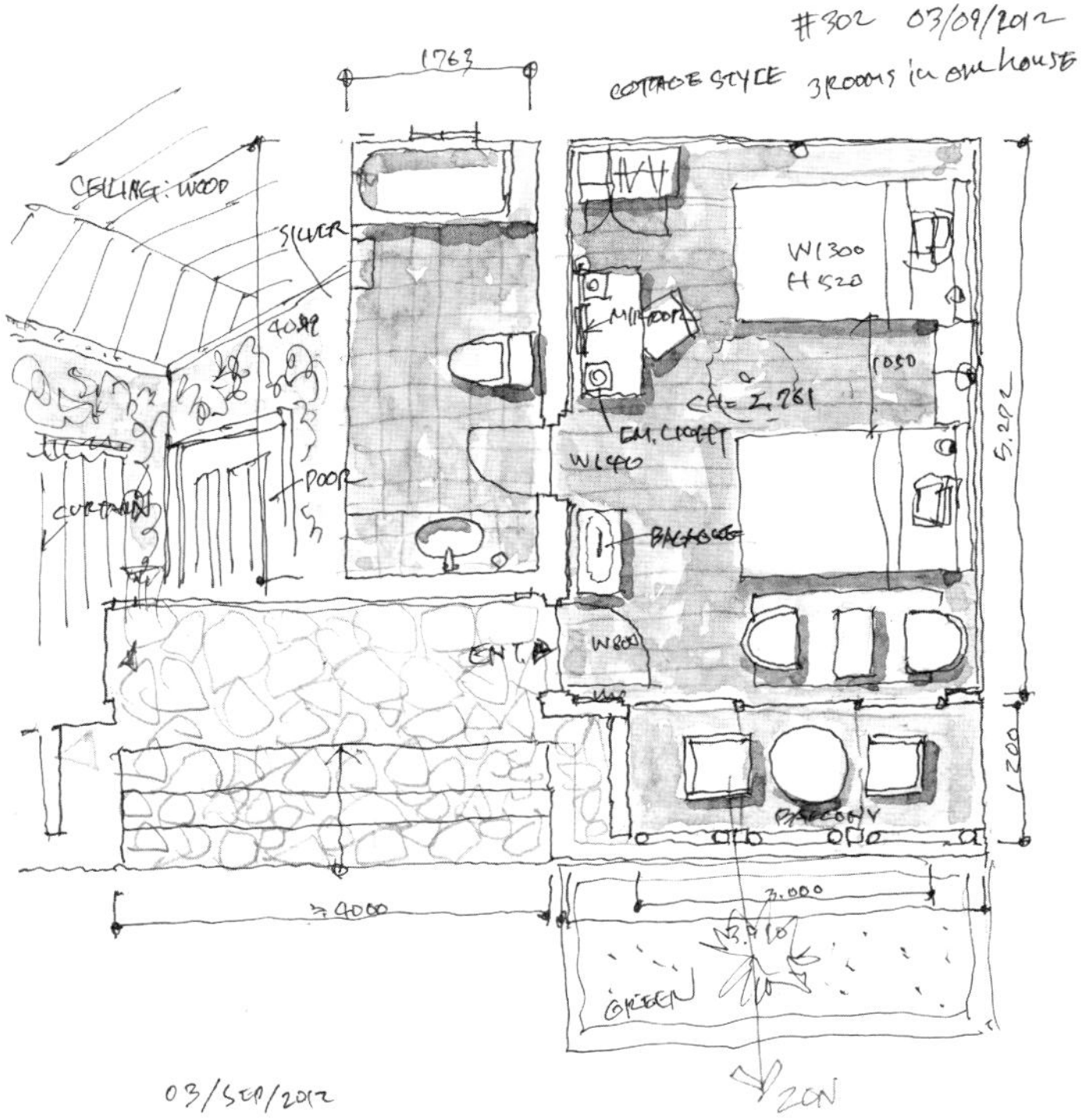

#302 03/09/2012
COTTAGE STYLE 3 ROOMS in one house

1763
CEILING: WOOD
SILVER
4088
W1300
H520
1050
MINI BAR
CH= 2,781
EM. CLOSET
W1400
DOOR
CURTAIN
BAGGAGE
ENT.
W800
5,292
1,200
BALCONY
3,000
3,910
GREEN
20N

03/SEP/2012

Phone : +975-3-521417/18/19, Fax : +975-3-521420 E-mail: yangkhilresort@druknet.bt
Website : www.yangkhil.bt

国境の町

Hotel Greif Maria Theresia

グリーフ・マリア・テレジア

イタリア／トリエステ

超現代的なホテルは、どうも疲れる。

昔栄えたけだるい町で小さな隠れ家のようなホテルを見つけ、厚い本などを読んで過ごしたいと思うようになってきたのだ。

旅は、いずれ家に帰るのに、身を隠してはいつもと違う自分を発見する時間でもある。


トリエステという街はイタリアといっても北東の端、アドリア海の最奥部にあって、ヴェネツィアの対岸でスロベニアがすぐ近いところにある。国境の町といってもいい。

第一次大戦前までは、オーストリア＝ハンガリー帝国の港湾都市として大いに栄えた。

Add: Viale Miramare, 109 Trieste, Italy
Tel: +39 040 410 115
URL: https:// www.hotelgreifmariatheresia.com

空港から 30 分ほど。バルコラ地区のミラマーレ通りに面する。

4,299

900

3542

1,644

CONNECTING

CH=2884

D 2000
W 2000
H 570

TV

REF

CH=2461

DW 730

BRACKET

1/50

DW 850

125

700

VALANCE

▽2884

CASCADE

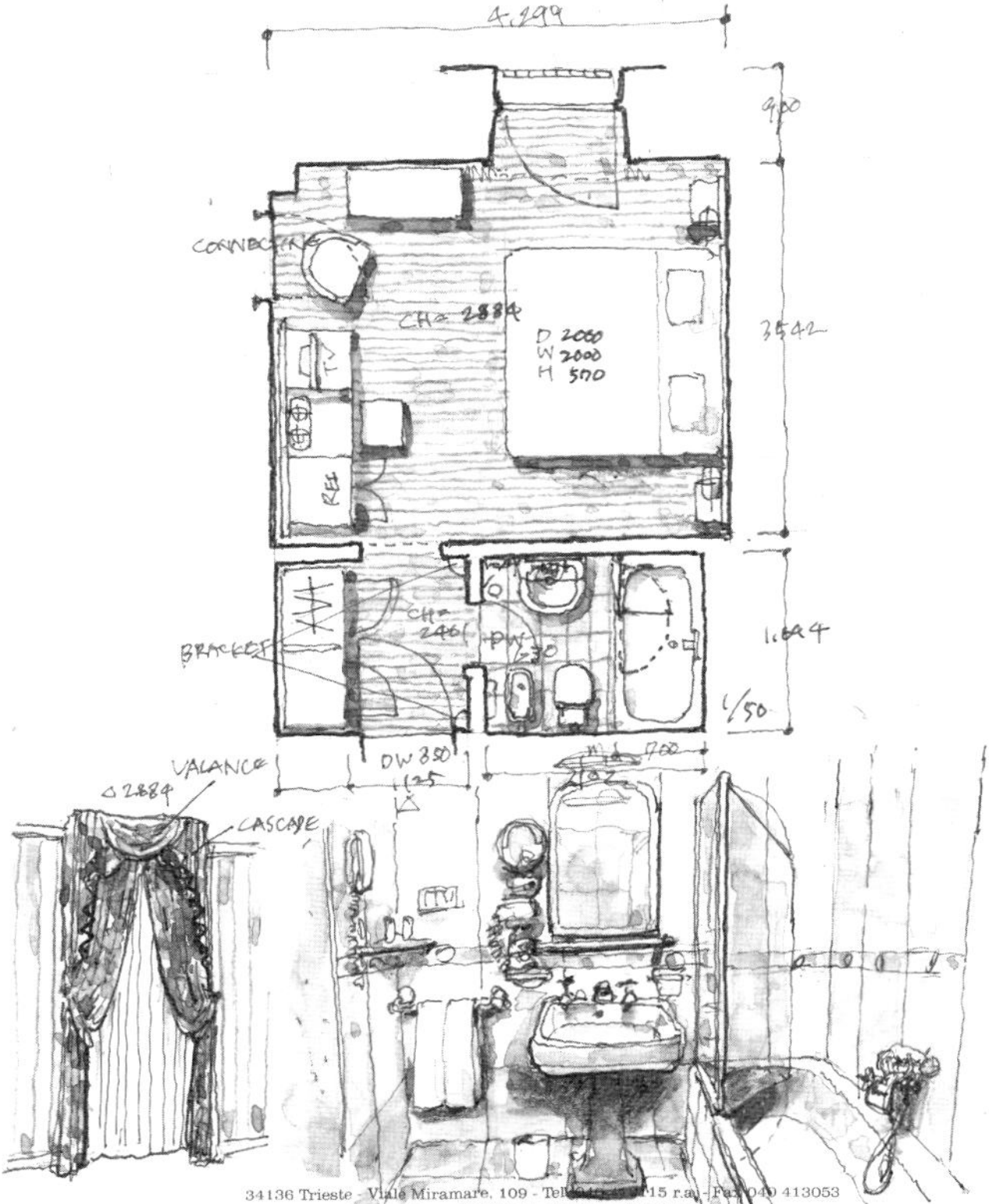

34136 Trieste - Viale Miramare, 109 - Tel 15 r.a. - Fax 040 413053
e-mail: greifts@tin.it - www.greifgroup.net

ハプスブルク帝国唯一の海港としても繁栄を迎えたというから、このようなホテル名称になっているのだろう。

イタリアと旧ユーゴもトリエステの帰属をめぐって争った。

長く各国の争いの場になったから、文化も混在して建物も国籍が不明の独特の雰囲気がつくられている。いくつもの埠頭、錆(さ)びついた大倉庫群や銀行などの建築物は、かつての栄華を物語る。廃墟と伸びた雑草、古い路面。そんな変わり果てた姿を見歩くのも面白い。物語が詰まっているようで感興をそそられる。海岸ということもある。けだるさが漂(ただよ)うカフェに腰を下ろす。「グランド・カナル」という小さい運河もあって笑ってしまうが、どことなくヴェネツィアでもある。ヴェネツィアとも戦争をしたり、帰属・併合があったりという変転の歴史があった。

今は中国絡みで「一帯一路」関連の港湾都市の一つとしても取り沙汰されているという。いつの時代でも要衝の地とされることに変わりはないのか。

このホテル、ちょっと古いが可愛らしい白亜とローズ色の五つ星で36室、ミラマーレ城*の名を冠した海岸通りに面している。路面電車を使えば街の中心からも遠くない。

ゲストルームはさして広くないのだが、セオリー通りにすべて揃っていてよくできている。ビデがあるのはここがラテンの地でもあることの証。ペデスタル*型のベイスンも懐かしい。

狭いバスルームには、なんでもあるぞと言わんばかりの装備。バスタブ、ベイスン、便器、ビデ、水栓類、シャワーなどの他に、ミラー、拡大ミラー、ドライヤー、電話、紙巻器、ティッシュボックス、照明、カップホルダー、化粧棚、トラッシュボックス、ソープトレイ、タオルバー、ハンドレール、シャワースクリーン、ハンドタオル、フェイスタオル、バスタオル、マット、ソープ、シャンプー、コンディショナーなどのアメニティがたくさん……よくぞこの狭いバスルームにと驚くほど。備品の多さがそのホテルの格付けになると言わんばかりである。

カーテンワークはバランス*もカスケード*もあり、ウインドウ・トリートメントされた本格的なしつらい。縦ストライプ模様のクロス張りの壁は厚い。

ホテルが面するミラマーレ通りは「海岸通り」となっていて、少し歩くとレストランなどがたくさんあってちょっとおしゃれでのんびりと開放的。

このホテルにもキラキラしたアドリア海や別荘群を横長開口から望めるレストランが

屋上にあって、明るい陽光の下、朝食がすてきだ。

近くのスロベニア国のラストヴィエ。古い城塞のような石壁に囲まれたロマネスク様式のホーリー・トリニティ教会にとても珍しい中世のフレスコ画が残っている。「死の舞踏」とも言える骸骨の行進の様子で、一見に値する。

＊ミラマーレ城
トリエステ近郊にある城館。1860年頃オーストリアのマクシミリアン大公によって築かれた。

＊ペデスタル
柱状をした台。洗面器の下で柱状の形は配管のカバーを兼ねている。

＊バランス
カーテンの上部飾りのこと。valanceと綴る。

＊カスケード
カーテンの「ひだ」を幾重にも滝のように施す縁飾り。

ホーリー・トリニティ教会の石壁

アフリカの暖炉

Dock House Boutique Hotel & Spa

ドック・ハウス

南アフリカ／ケープタウン

南アフリカはケープタウンのウォーターフロントに近い地区にあるホテル。この棟は別棟としてブティック型の数室の客室がある。

みな上品でエレガントなヴィクトリアン様式で色合いがとてもいいのだが、投宿した部屋は恐ろしく広く60分の1で描いた。

ルームはスイート（続き部屋）で、一つはベッドルーム、もう一つのベイは広大でほとんど水まわりだけという構成。

ベッドルームはダブルベッドの足元にソファがあり、南アフリカなのにファイアー・

Add: Portswood Close, Portswood Ridge, Victoria & Alfred Waterfront, Cape Town 8001, South Africa
Tel: +27 214219334
URL: http://dock-house.hotels-in-cape-town.net/

ケープタウン・セントラルのウォーターフロント地区に位置する。

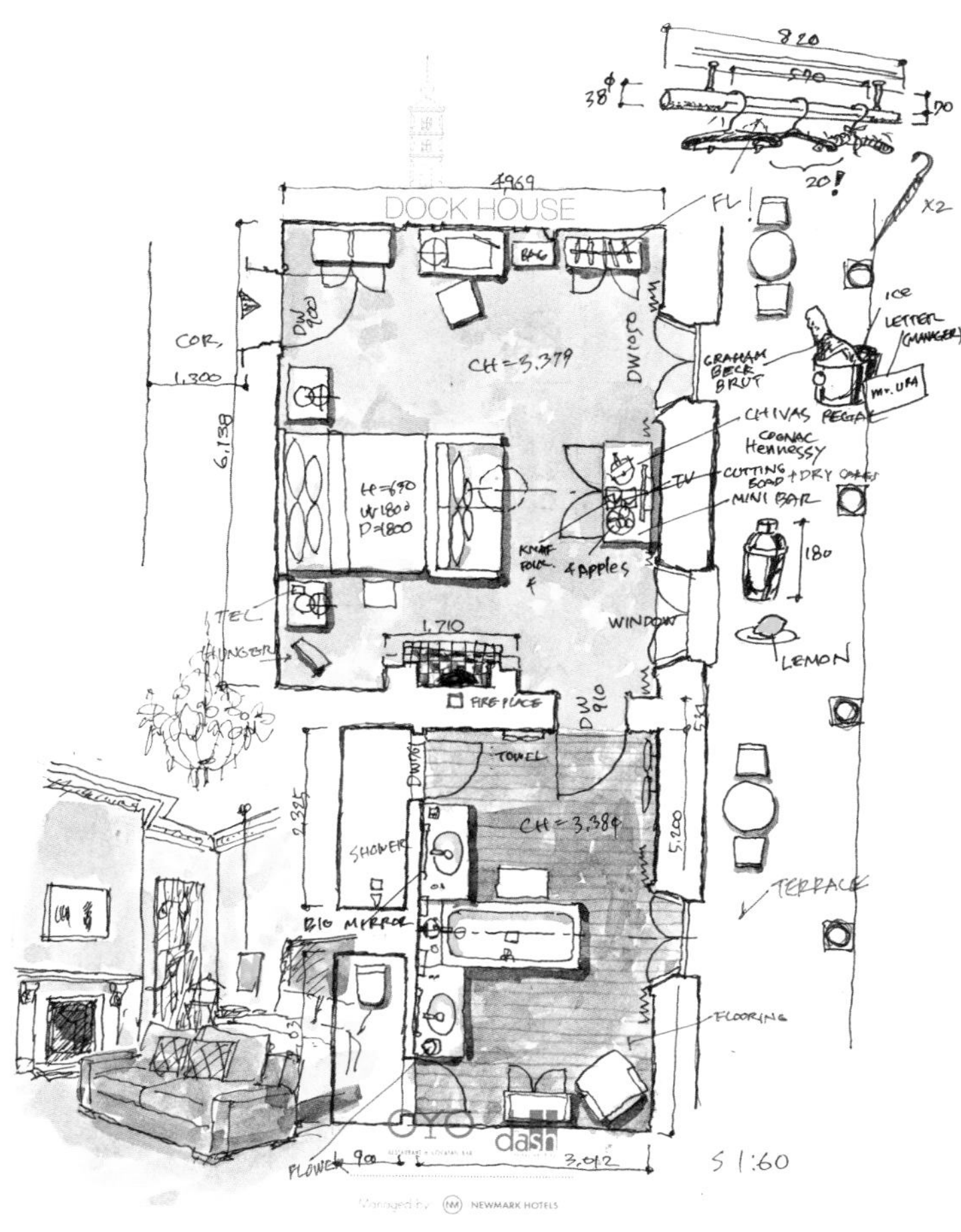

Address Portswood Close, Portswood Ridge, Victoria & Alfred Waterfront, 8001, Cape Town, South Africa **Tel** +27 21 421 9334 **Email** info@dockhouse.co.za
www.dockhouse.co.za **Reservation** Tel +27 21 427 5900 Fax +27 21 427 5901 Email res@dockhouse.co.za
Directors T V Maphai, N B Markovitz, M G Markovitz, J S Swersky, H L Swersky, S R Velev

プレイスがある。ここはそれほど暑くはないとはいえ……。

約20㎡以上もあるバスルームには中央にバスタブが鎮座し、その左右にベイスン、裏側にシャワー、トイレという対称配置。これは広い！　新鮮に映るが、使ってみると実に寂しい。ベッドもそうだが、軸線や対象形に捉われすぎているようにも見える。トイレやシャワーの器具がドアのずっと奥にある。

洋服掛けのハンガーパイプに蛍光管が仕込まれているのがうまいが、こんなこと日本では許されないだろう。重いコートなど吊るしたら危険だ。

マントルピースがあるのにワードローブが小さいように思えるのだが……。

全体と部分のボリュームがややアンバランスに見える。広ければいいというものではない。ベッドやバスタブが部屋の中央というその配置はホテルとしては特異なものに見える。

ナチュリスト・エリア

Resort Villas Rubin

リゾート・ヴィラス・ルビン

クロアチア／ロヴィニュ

Add: Villas Rubin 1, 52210, Rovinj, Croatia
Tel: +385 52 800 250
URL: https://www.maistra.com/rubin-rovinj

クロアチアのロヴィニュの街に近い。車かタクシーボートを使う。

クロアチアは、２０１８年のサッカーＦＩＦＡワールドカップでフランスと優勝まで争った国として記憶に新しい。あんなに強いとは思わなかった。バルカン半島では昔からいろいろ大きな紛争があり、クロアチアは１９９１年ユーゴスラビアから独立した。海も山も美しく、紛争があったとは信じがたいが、街によっては建物外壁にいまだに弾痕が生々しく残る。

クロアチアは南の世界遺産ドゥブロヴニクがポピュラーだが、アドリア海の北に貴族の避暑地といわれた三角形のイストゥラ半島がある。対岸はイタリアのヴェネツィアで、

maistra
ROVINJ-VRSAR

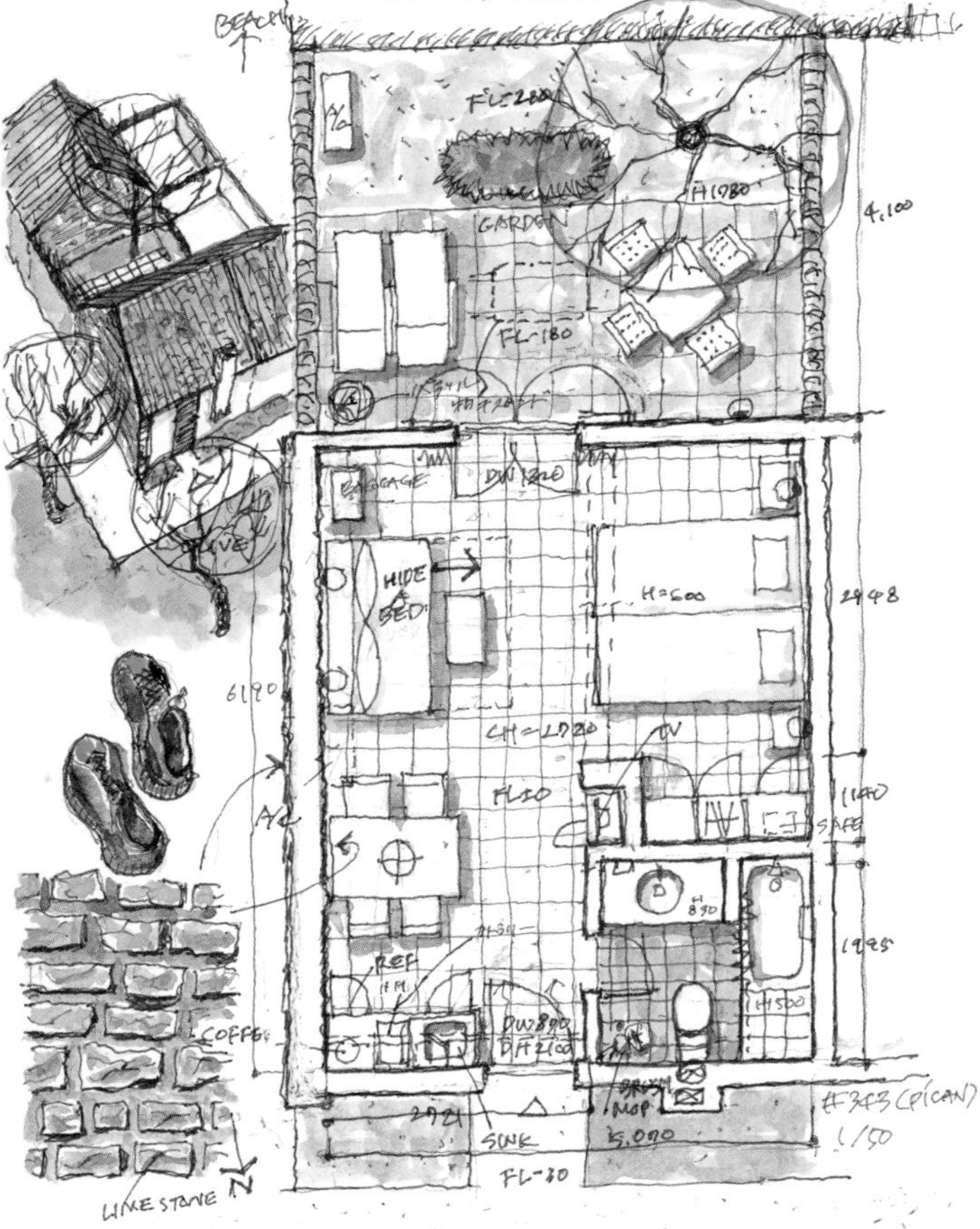

BEACH
A/C
FL-280
H1080
GARDEN
4,100
FL-180
BAGGAGE
DW1200
OLIVE
HIDE A BED
H=600
2448
6190
CH=2720
TV
FL±0
A/C
1140
SAFE
H 890
1925
REF
H1500
COFFEE
DW890
DH2100
BRM
MOP
#363 (PICAN)
1/50
2721
SINK
5,070
FL-30
LIMESTONE
N

ロヴィニュの景観

イストゥラ半島のロヴィニュは５００年近くヴェネツィア共和国の支配下にあった。ロヴィニュの街はなかなかの景観をつくり出している。山上に聖エウフェミア教会*の高い鐘楼をいただき、岬なのに海に浮かぶ島のような美しい街。ツルツルになった路地の大きな舗石をたどって山上まで登っていくと、強大だった往時の国力を感じさせる。

そのロヴィニュからタクシーボートで海上を10分ほど進むと、この長いビーチリゾートがある。景勝の地を巡りながら海岸沿いを歩いて行ってもいい運動になる。

広大な元オリーブ園をオーストリアの富豪が所有していたそうだが、それをリゾート開発したもの。でき上がってから時間が経過しているせいか、最新施設にはない落ち着きが漂っている。バカンス・シーズンにはたくさんのヨーロッパの中流層が家族連れでつめかけるという。

そこにハイシーズン前に6日間滞在した。人は少なくのんびり。85室のゲストルーム、252室のアパートメント、キャンピングカーの区画、レセプション棟、レストラン、カフェ、マーケット、プール、テニスコートなどが整っていて、独立コテージや2階建てなどさまざまな棟がたくさんある。

宿泊したのは数軒の赤瓦葺き平屋が連続するサービス・アパートメントの一つ。といってもそれぞれにコートハウス型の中庭があって独立性は高い。

部屋の平面は、エントランスから中庭にいたるまっすぐの軸線の左右に各機能がうまくレイアウトされている。庭にはアイ・ストップの植栽がある。ベッドエリアの天井は低い。室内外に石灰岩を積んだ大きな壁が1面だけあり、その他は天井も床も白くシンプル。キチネットには食材以外はなんでも揃っている。バスルームにはバスタブ、ベイスン、便器の3点の他に掃除用具置き場も兼ねている。きれいなプランニング。

毎朝、古く太いオリーブの樹の下を明るい鳥の啼き声を聴きながら、石灰岩の小石を敷き詰めたような道を白いビーチまで歩く。海は透明。プライベート・ビーチはシーズンオフとあってほとんど独り占め。

ビーチに水着NOのマークがついた一角があった。水着のままだから何か羽織らなくてはならないのかと思ったら、なんと水着着用禁止のナチュリスト（ヌーディスト）・エリアでありました！

あわてて帰ってきて、バスルームでシャワーを使ったあとに冷えた白ワイン。

あー危なかった。

＊聖エウフェミア教会
聖エウフェミアはロヴィニュの守護聖人。建物はバロック＝ヴェネツィア様式で鐘楼の高さは60ｍもある。

ベージュとグレー

Rocco Forte The Charles Hotel

ザ・チャールズ・ホテル

ドイツ／ミュンヘン

Add: Sophienstrasse 28, 80333 Munich, Germany
Tel: +49 89 544 5550
URL: https://www.roccofortehotels.com/de/hotels-and-resorts/the-charles-hotel/

オリンピック公園に近い静かな地区にある。ロッコホテルチェーン。

ミュンヘンはきれいな街だとドイツ人の評価も高い。

いつでも観光客であふれているが、それは街の清潔さや緑の量、人々の気質、朝に食することが多いというヴァイス・ブルスト（白ソーセージ）のおいしさなども影響しているのかもしれない。その日訪れたときはアスパラガスを採ってもよいという最後の日＊に近く、とても太くおいしかった。

そのミュンヘンでエレガントなホテルに泊まった。

すっきりしたモダンデザインなのだが気に障（さわ）るものが何もなく、なんともいえない気

FORTE
ELS

ROCCO FORTE
HOTELS

190
450
BRACKET LAMP
120
SUS HL 10X5
LAGGAGE
BOOK SHELF
TV
CARPET
DRAPE
1500
DW=860
CH=2400
CH=2820
MINI BAR
REFRIG
H=560
2000
2160
4200
BIDET
1770
770
SHOWER
CHEST
2900
5720
550
BAL.

IDENCE

IN RESIDENCE

LES HOTEL
ICH

THE CHARLES HOTEL
MUNICH

品があって使いやすい。このなんとなく……というのがデザインでいちばん難しい。実測もできないから伝達も難しい。どこを見ても衒(てら)いも気負いもない。お薦(すす)めである。

客室は136室、スイートは24室。すてきなSPAもある。

カラースキームでベージュを主なものにすると、ほとんど反対意見がないものだ。日本では江戸時代に奢侈(しゃし)禁止令があったため庶民は金色や銀色を使えず、その代わりにたくさんの茶色と鼠色をつくり出した。ベージュ色の系統も淡い茶色としてたくさんある。ほとんどすべてのモノは、茶色に酸化して朽ちていく褐変(かっぺん)という過程にあるから、ベージュ色は共感されて受け容(い)れやすいのだという説もある。

このホテルは、パブリックもゲストルームも明るく淡いベージュ系とグレー系が実に多様に使いこなされている。あらゆる内装、ドアなどに使われたベージュ、グレー、オフホワイト。その使われ方が心地よいのだ。金属色や木のマテリアルは限られ、ドレープ・カーテンやクッションなどにキャラクターのある色が効果的に使われている。ソフィスティケートされて抑えられたカラースキームはホテル全体のコンセプトに巧みに貢献していて、うまい。ロッコ・フォルテ・コレクションの経営者でもあるオルガ・ポリッツィ*のデザイン。

ホテルガイドやチェーンのパンフレット、レターペーパーや封筒などのステーショナリーのグラフィックも大きさ、形、色、フォント、レイアウトなどエディトリアル・デザインが行き届いていて気持ちがいい。アメニティはNY製。

家具デザインもばらばらなようだが、調和している。チェストの引き出しは閉まり方がスロー。配慮を感じる。

白く清潔感のある5in1のバスルーム。洗面カウンターだけ茶色の大理石。コップは落としても割れないように金属。バスタブは溺れそうなほど大きく、吐水口はオーバーフローと一体化していた。

バルコニーがいい。緑の中に裁判所の建物などが見える。

レセプション・ロビーはオフホワイト。天井高さは6・2mも。

隣接する公園を借景としたダイニングルームで朝食をいただく。白ソーセージもあった。木漏れ陽が美しい。一泊だけの滞在を恨めしく思ったほどだ。

3つのピナコテーク*にも遠くない。その日は15〜18世紀の絵画を集めたアルテ・ピナコテークの棟でたくさんの名作に改めて感嘆したり、ピナコテーク・デア・モデルネの白い建築を見たり。

街でバイエルン州の男が身につけるババリア風の「裏革の半ズボン」を面白がって買ってしまった。ビアホールの従業員のようだがなかなかいい。これで銀座は歩けないが……。帰国して調べたらこの半ズボン、レーダーホーゼンといって、あのヒトラーが好んでいたという記述があるではないか。ゲゲッ！

＊アスパラガス採取
ヨーロッパでは株生育などの観点から、アスパラガス採取期限を夏至の6月22日前後と定めている国が多い。

＊オルガ・ポリッツィ
Olga Polizzi 1940年代後半ロンドン生まれの女性ホテル経営者。ロッコ・フォルテ・グループの副会長・デザイン・ディレクターとしていくつものホテルを手がけている。

＊ピナコテーク
美術館・絵画館。ミュンヘンではバイエルン王室のコレクションを基にして18世紀までの絵画を収めたアルテ・ピナコテーク、近世の絵画などを収めたノイエ・ピナコテーク、現代美術、グラフィックアート、建築、デザインを広く展示しているピナコテーク・デア・モデルネ（2002）が3棟、近接する。

シルクロードの夢

Xi'an Garden Hotel

西安唐華賓館

中国／西安

西安に泊まる機会があった。

中国中央にある遠く古い都、西安（昔の長安）はシルクロードの起点だけあって、西域の文物で溢れていた。城壁から西の彼方を眺めていると、ＮＨＫの『シルクロード―絲綢之路―』のあの音楽が聞こえるような気になる。

近在の村で兵馬俑（へいばよう）*なる秦始皇帝（しこうてい）の大軍団の塑像が発見され、それに大屋根をかけた施設があって塑像の大軍団全体を見ることができる。始皇帝の陵墓も近くにあり、周囲の堀には当時水銀を溜めたとか。西安の長い城壁とか大雁塔（だいがんとう）*の独特な形態とか、中国の奥深さに見るべきものがたくさんある。

Add: 40 Yanyin Road, Dayan ta, Xi'an, 710061, Shannxi, China
西安市大雁塔雁引路 40 号
Tel: +86 29 8760 1111

中国西安郊外。大雁塔が近い。

西安郊外の大雁塔近くにあるこのホテル、唐風の意匠でガーデンホテルともいわれ2、3階建ての客室棟が池を囲み、広い敷地に風情がある。そこのスイート、過不足ない。

街のレストランでビールを注文すると怪訝（けげん）な顔をされた。そこはイスラム教の区域で禁酒であったのだ！

餃子発祥の地ともいわれているのでその専門店にも行ったが、あのお馴染みの形ではなく、金魚の形などをした水餃子が出てきた。

＊**兵馬俑**
古代中国の副葬人形。土中から発見された秦始皇帝の軍団が代表的。武士俑だけで約8000体ある。秦始皇帝の陵墓とともに世界遺産。

＊**大雁塔**
唐の僧、玄奘三蔵（げんじょうさんぞう）がインドから持ち帰った経典などを納めた7層高さ64mの塔。

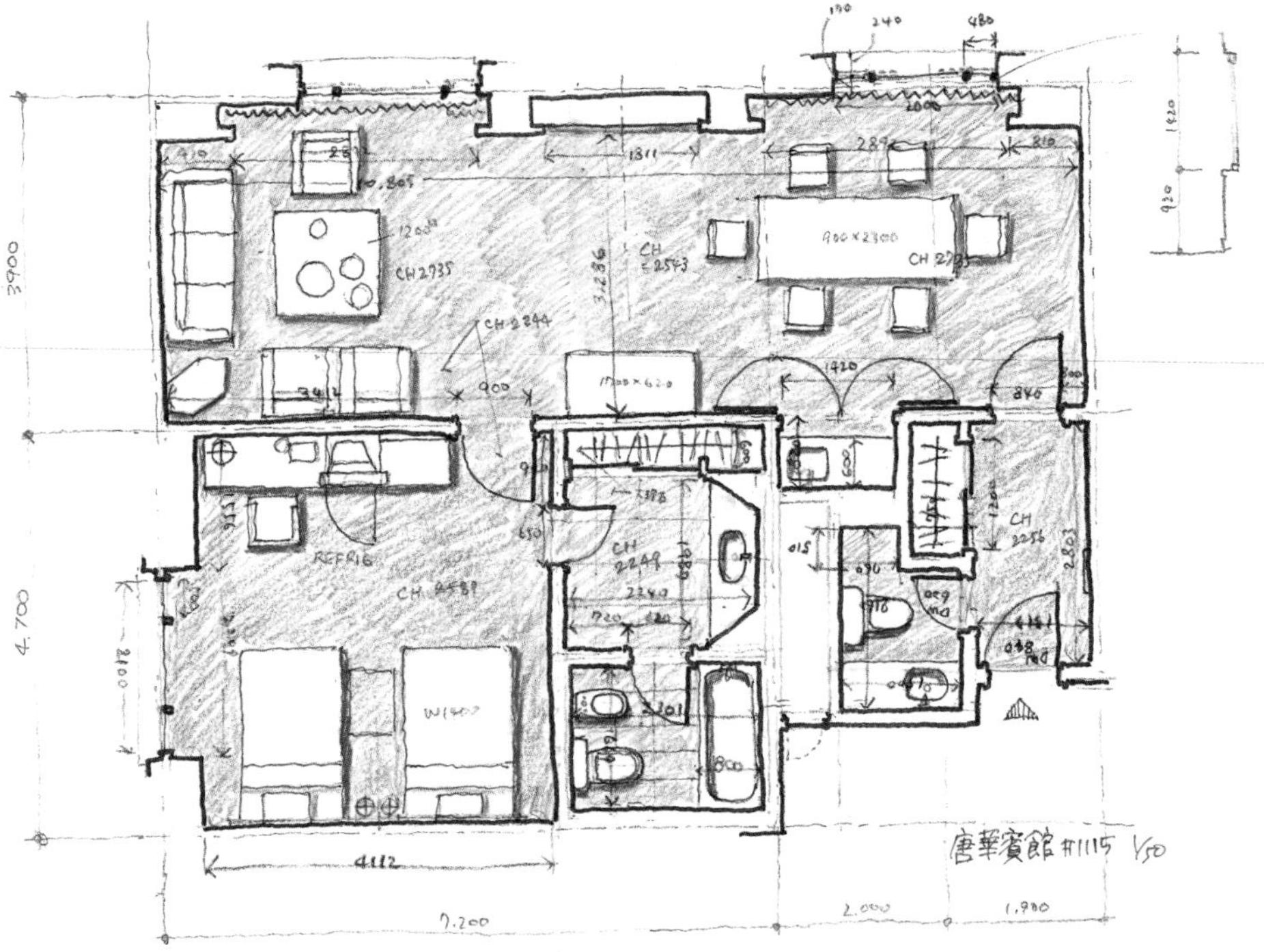
唐華賓館 #1115 1/50
3900
4.700
7.200
2.000
1.900
4112
2100
1311
1420
CH 2735
CH 2544
CH 2543
CH 2249
CH 2256
900×2300
1500×620
REFRIG
W1400

キャブとトロメオ

Hotel Sandton Brussels Centre

サントン・ブリュッセルセンターホテル

ベルギー／ブリュッセル

Add: Rue des Paroissiens 15-27, Brussel, 1000 Belgien
Tel: +32 2 274 08 10
Email: brussels@sandton.eu

ブリュッセルのオフィス街。サン・ミッシェル大聖堂にも近い。

到着したブリュッセルの空港でトラブル。ターンテーブルでいくら待ってもバゲッジが出てこないのだ。さてはロスト・バゲッジかとクレイムタッグを追いかけてもらうと、「あなたのバゲッジはまだベルリンにある」とのこと。ホテルまで届けてもらうことにしたが、この間1時間以上。係員からは謝罪の言葉すらなかった！

すっかり意気消沈し、気分を害してホテルにたどり着く。

このホテル、ブリュッセル中央駅やサン・ミッシェル大聖堂のすぐ近くにあってとて

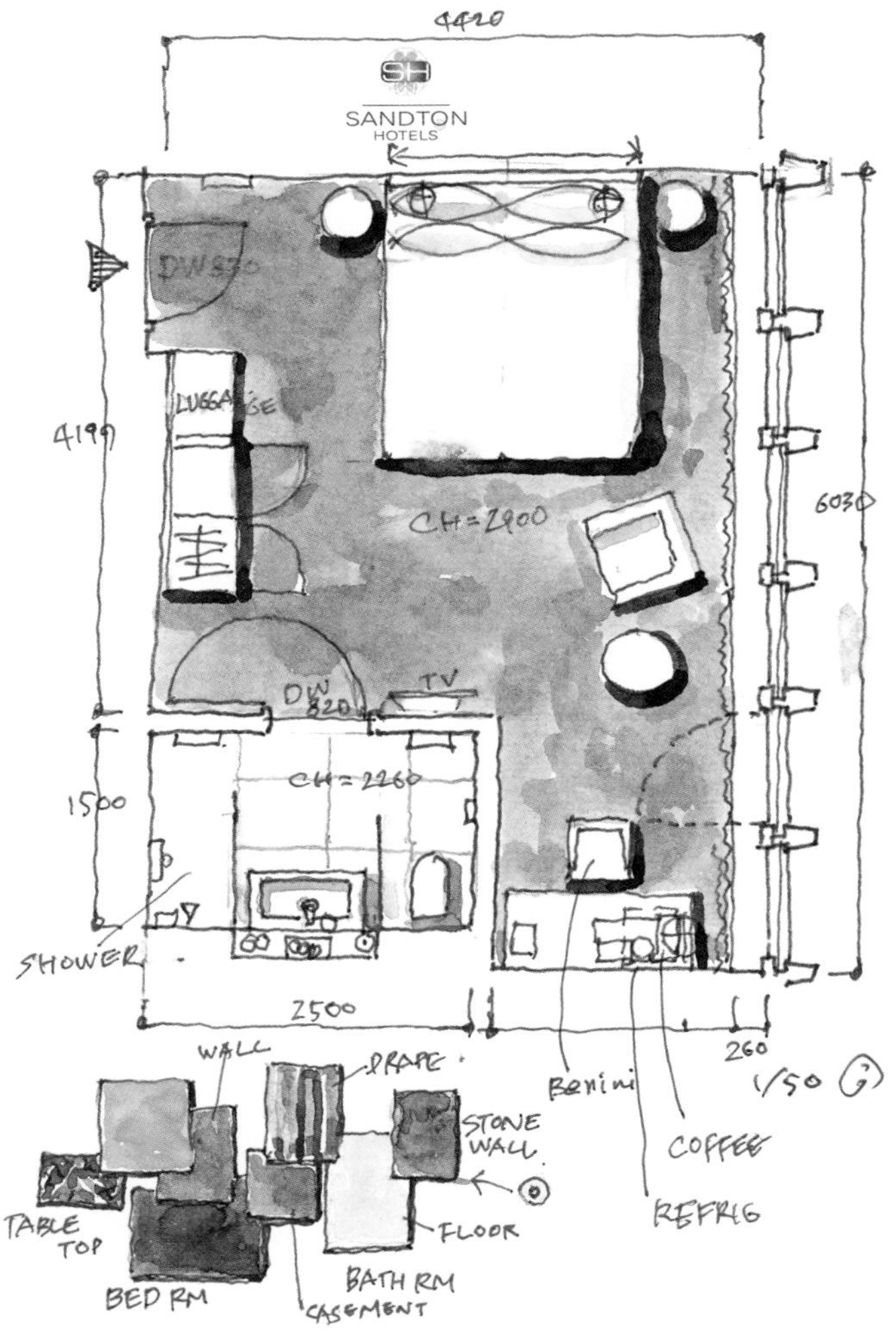

4420
SANDTON
HOTELS
DW 850
LUGGAGE
4199
CH=2900
6030
DW
820
TV
CH=2260
1500
SHOWER
2500
260
1/50
Benini
COFFEE
REFRIG
WALL
DRAPE
STONE
WALL
TABLE
TOP
FLOOR
BATH RM
BED RM
CASEMENT

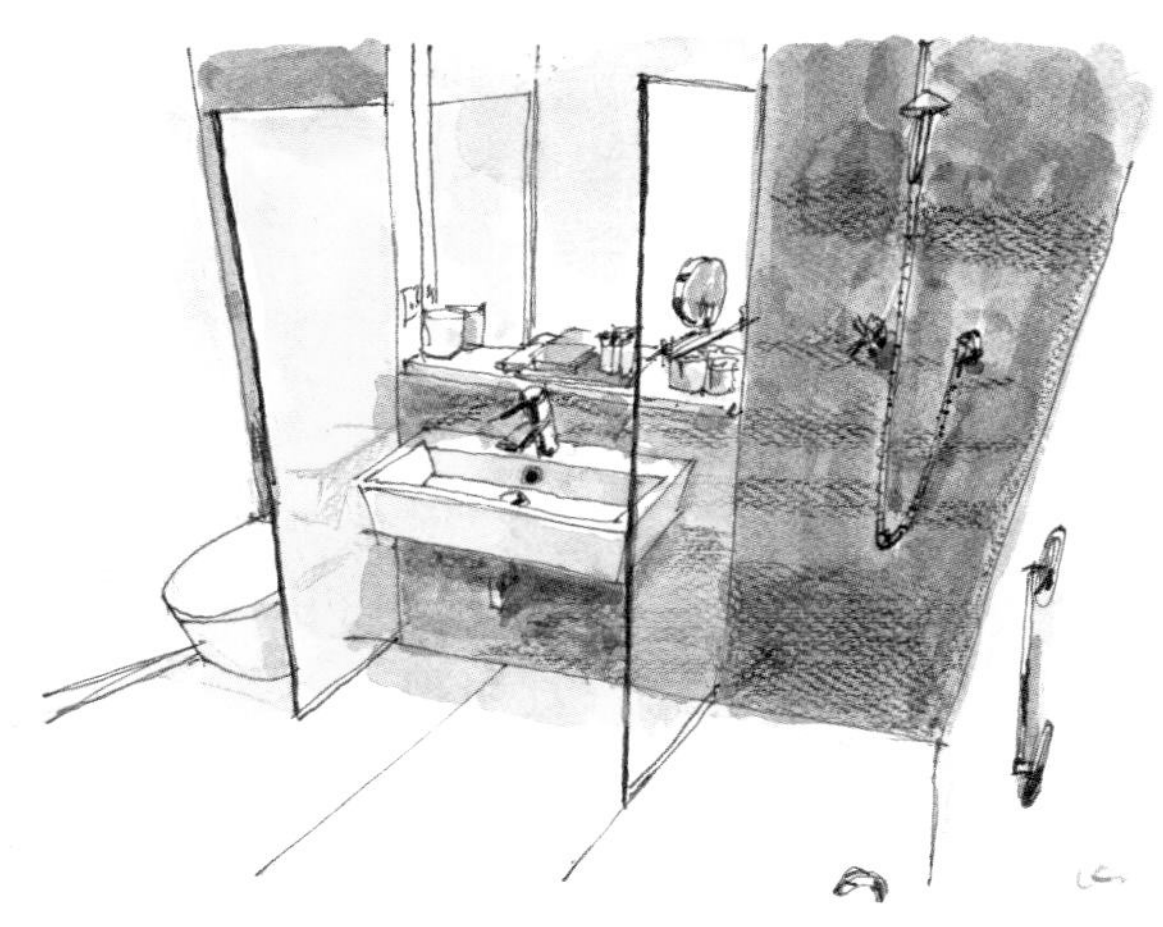

もロケーションがよい。EU本部にも近い……ということはヨーロッパの中枢。高級ビジネスホテルといったところ。ビジネスマンにはお薦め。

　パブリックやゲストルームの家具はマリオ・ベリーニ*による革のアームチェア「キャブ」を多用している。照明はミケーレ・デ・ルッキがデザインした「トロメオ*」という器具をスタンドやクリップ型のブラケットとして多用していて、全体にイタリアのモダンデザインが溢れる。

　カラースキームは素晴らしく、11階は白黒が多く、ゲストルームは薄茶色の壁とワインレッドのカーペット。ベッドのリーディング・ランプもトロメオ。広くはないが上品でセンスがとてもいい。気になるものがないのだ。

バスルームは白の大型タイル床と黒っぽい石貼りの壁。ダークグリーン系のグレーでなかなかいい。ベイスンは幅８００㎜もあって使いやすい。シャワーとトイレの間仕切りはタペストリーガラスを立てているだけ。これもすっきりしていていい。

まわりはオフィスビルだらけ。こちらのホテルもカーテンウォールで、対面する向こうもそんなオフィスビルだからカーテンを閉めていなければお互いに丸見え。要注意。

パサージュ*を歩いてのチョコレート探しもいいが、あのシュールレアリスムのルネ・マグリット*美術館にも歩いて行ける。

やっとバゲッジがベルリンから届いた！

素敵なシーフード・レストランが近くのホテルにあった。鱸（すずき）や蟹（かに）がとても美しく調理されている。大好きなアーティチョーク*もいただいたのだが、これが大当たり。ワインのチョイスも正解。デザートも素敵だ。

機嫌がよくなってきた。

＊マリオ・ベリーニ
Mario Bellini（1935－）イタリアの建築家、デザイナー。数々のデザインを手がける。

＊トロメオ
イタリアの建築家・インダストリアル・デザイナー、ミケーレ・デ・ルッキ（1951－）がデザインした照明器具。

＊パサージュ
Passage 18世紀末にパリを中心にしてできた屋根がガラス張りのアーケード。

＊ルネ・マグリット
Magritte René（1898－1967）ベルギーのシュールレアリムの画家。主な作品に『大家族』『光の帝国』など。

＊アーティチョーク
キク科チョウセンアザミ属の多年草。若い蕾を食用にする。

道楽の極み

Rovos Rail

ロボスレイル

アフリカ

Reservations: @rovos.co.za
Tel: +27 12 315 8242
URL: http://www.rovos.com

アフリカの豪華寝台列車。南アフリカのプレトリアに本社。

旅で泊まるところはホテルとは限らない。

南アフリカのケープタウンから寝台列車ザ・ブルートレイン*に乗って1泊。首都プレトリアのホテルに1泊し、復路はこのロボスレイルで2泊してケープタウンに舞い戻るというコースをたどる機会があった。両者（両車？）とも特徴があってじつに面白いのだが、ロボスレイルについて書くと……。

そもそも若きオーナーの大富豪ローハン・フォス氏は鉄道好きで、プライベートに古い車両を買い集めては改装し、南部を中心にアフリカをいろいろ走らせて楽しんでいた。

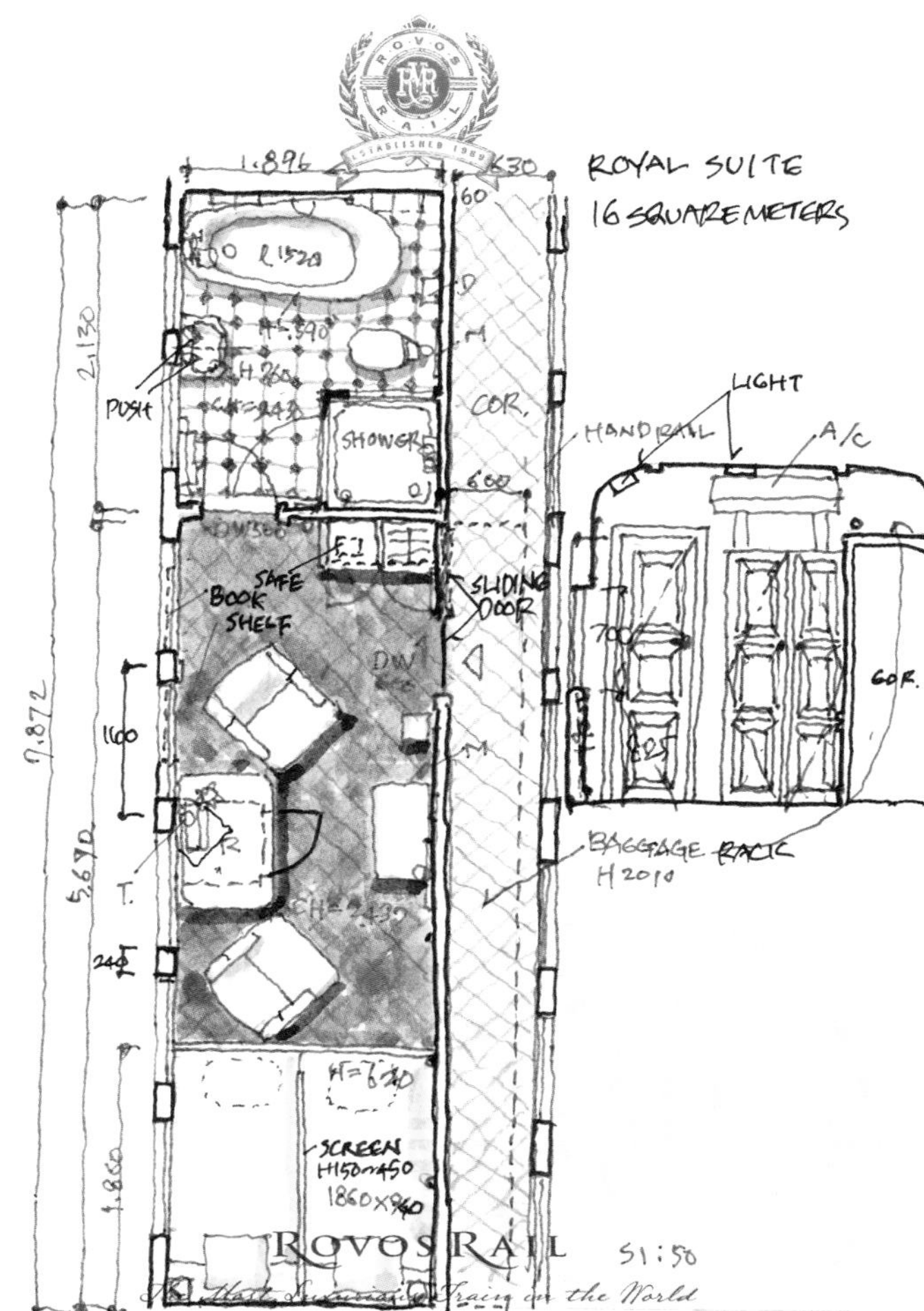

P.O.BOX 2837, PRETORIA 0001, GAUTENG SOUTH AFRICA TEL: (+27-12) 315 8242 FAX: (+27-12) 323 0843
E-MAIL: reservations@rovos.co.za www.rovos.com www.capetocairo.com

部屋に自分の子供たちの名をつけているほど。この楽しみをみんなにも味わってもらいたいと1989年から寝台列車事業を興したというから、いわば道楽のような家族経営。ゲストハウスや航空機事業もしている。

プレトリア郊外にあるロボスレイル専用駅には修理工場や操車場もある。別棟には鉄道ファンにはたまらないコレクション満載の小さな博物館。

乗車前、駅のラウンジでは、ローハン・フォス氏が自ら行程や列車内の注意事項を説明してくれる。到着駅のケープタウンに先回りして自ら大きなトランクを運んでくれたりもする。さてはプライベート・ジェット機を使ったか？　スタッフはトレイン・マネジャー以下とても親切で家庭的。おもてなしの極致。

南アフリカやイギリスなどの古い車両を改造しているので、よく揺れる。幅1100㎜のガラス窓は上下に開く。古きを懐かしむ向きにはたまらない。早く到着することを目的にしているわけではないから最高速度は60㎞／h。就寝時間中はなんと大草原に停車するので、静かでよく眠れる。だから2泊。

窓外はどこを向いても地平線で一面のサバンナ。遠くに野生動物の姿や水を汲み上げている風車がチラホラし、そんな景色が何時間にもわたって続くが、まったく飽きない。食事時間を知らせるチャイムが聞こえ、2車両あるダイニングカーに向かう。2つの食堂の一つは、あの有名なクラシックな柱が立ち並ぶダイニングルーム。これも修復。ドレスコードがあるのでボウタイできめる。1、2時間ほどかける食事が日に三度あるから、ついワインを飲み料理を食べ過ぎてしまい、帰国してからが心配になる。

宿泊室全体の長さは約７９００㎜、幅は約１９００㎜。室内は天然木の練付合板*に赤味の強いグロッシーな塗装。ゲストルーム入り口の建具は引き戸で戸袋がない。泥棒なんていませんとばかり、鍵や錠など無粋なものもついていない!!　ベッドは固定で、短辺側から入る。共用通路の上まで物入れに使ってあってトランクなどを収納できる。ロイヤル・スイートだけにあるフリースタンディングの猫足バスタブ。バスタブ配置はレールに直交。

一計を案じ室内の照明をすべて消し、窓をすっかり開けて停車した列車で静かな湯治としゃれこんだのだが、窓外を見て「あっ！」と声が出た。なんと満天の星。地平線ぎりぎりまで輝いている圧倒的な星の数。もやもやしているのは天の川、ミルキーウェイではないか。無音の中、バスタブからしばし見とれた。これはすごい。

最終日の朝に５㎞歩くエクスカーションがあって人気がある。列車を降りて沿線を約

1時間半、なんと徒歩。列車は先回りして待っている。遠い山と涼しく澄んだ朝の大気だけ。とても気持ちがいい。もちろん野生動物などいない。

いまや最も贅沢なことは、あかりを消したり、音がなかったり、乗り物に頼らずに歩くこと……ということになってしまったのか！

新鮮だったのは「列車は停まることもできる」ということがわかったことだった。ホームではなく……。便利なことは必ずしも快適ではないのだ。目から鱗（うろこ）。ローハン・フォス氏の笑顔が見えるようだ。

5月下旬だったが、ここでは秋から冬に向かっていて紅葉がはじまっていた。

＊ザ・ブルートレイン

The Blue Train 南アフリカの旅客鉄道公社ラックスレールが運営する豪華寝台列車。ロボスレイルと同じ線、プレトリア～ケープタウン間１６００㎞を26～27時間１泊２日で結ぶ。本書に記載がある。

＊天然木練付合板

薄くスライスした天然木の突き板を合板に接着剤で貼り付けたもの。

ダイニング・カー断面スケッチ

トイレのバケツ

Dragon's Nest Hotel

ドラゴンズ・ネスト

ブータン／ウォンディポダン

二度目のブータン。

ホテル選びは個人旅行をアレンジするツーリスト業者にお任せであった。あまりホテルがないのではないかと思って期待しなかったからだが、行ってみると各地にいくつも観光ホテルができていた。もちろん外国人向け。

前回のブータン行きは外国人入国年間３０００人という上限があり、ホテルは選択できず、鎖国みたいだったのだが、今回はそれがない。観光立国に変わったのだ。

しかしほとんどのホテルが国際スタンダードの一歩手前という状態であった。ローカルな宿泊施設ならそれはそれで面白いのだが、そうでもなかった。惜しい。ブータンら

Add: Wangduetphodrang Kingdom of Bhutan
Tel: +975 2 480 521/480 522

ブータンの中央部、ウォンディポダンの急流傍。

しいホテルはこの中にない。

私の個人的な願望だが、ブータンだけはこの地球上で、健全で美しくかつ懐かしさ溢れる地域として、是非残ってほしかったのだ。しかしそうもいかなくなってきているのか。

みな、民族衣装のゴやキラをまとっていたのに、今はジーンズが多い。自動車やスマホの普及も著しい。ほとんど自給自足であったのに、現金欲しさに道端で数個の果実を並べて売るようになった。深い谷に5つもダムを造ってインドに売電するという噂さえある。残念とは言い難く、やむを得ないとはいえ、なぜかとても哀しい。

鎖国を解いた日本もこうだったのだろうか。明治維新前の日本を見たかった。

「ブータン、お前もか！」


さて「龍の巣」という怖そうな名前のホテル。

ブータン国の中央よりやや東、ウォンディポダンにある川のすぐ傍(そば)という立地。急流の音が大きくて静かとは言えない。リゾートらしく一応分棟スタイルになっている。部屋は一般的で、全然ブータン的ではない。

Dragon's Nest

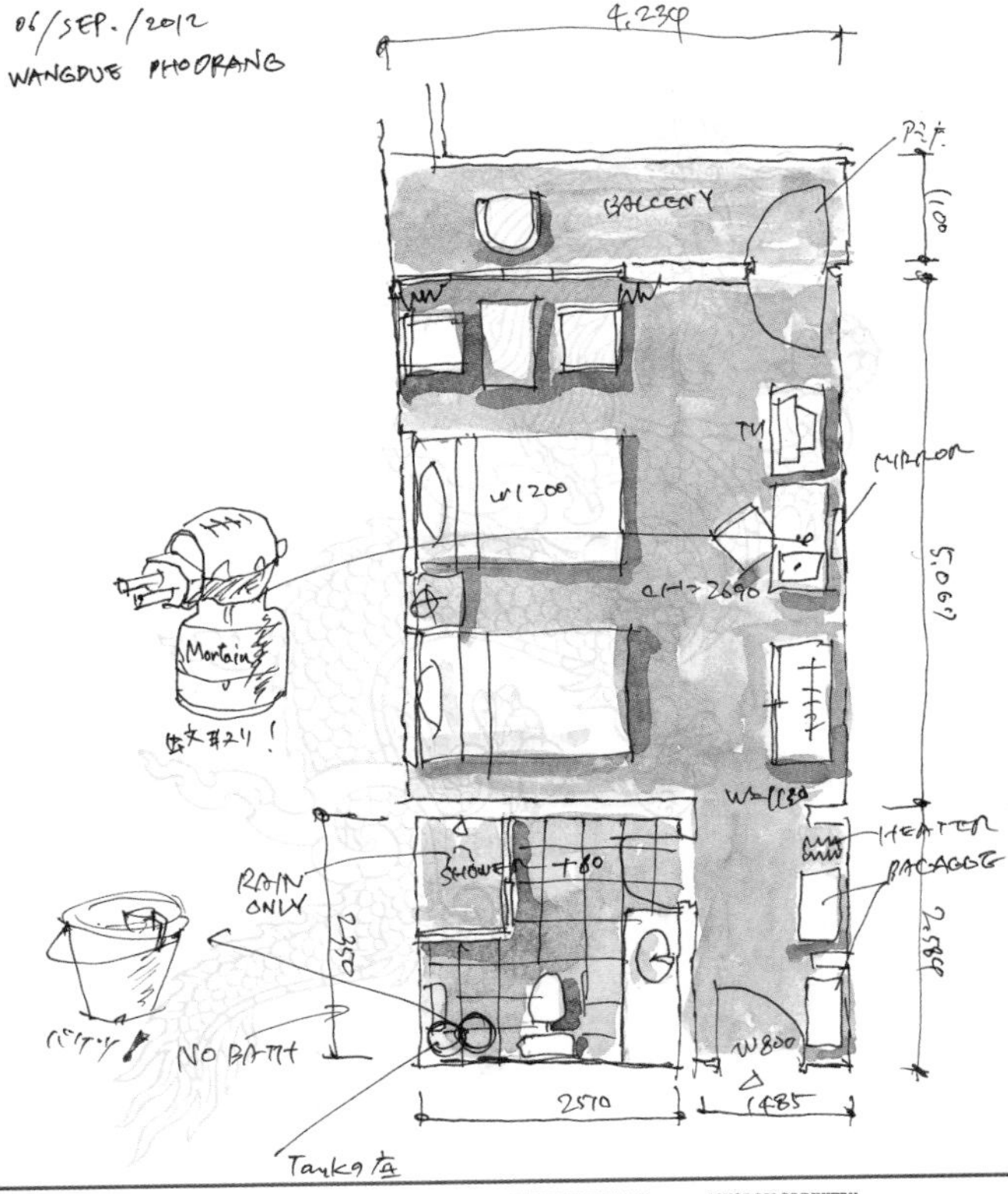

06/SEP./2012
WANGDUE PHODRANG

4,230

BALCONY

P.F.

100

TV

MIRROR

W1200

CH=2690

5,067

W1180

HEATER

BAGGAGE

Mortain

蚊取り!

RAIN ONLY

SHOWER +80

2250

2,580

バケツ!

NO BATH

W800

2570

1485

Tankの左

バスルームをご覧あれ。バスタブがないのはやむを得ないにしても、トイレには水を張ったバケツが置いてあって手桶が添えてある。断水したらこれを洗浄に使うのだ！

そして汚水は多分横の急流に自然放流。給排水事情はまだよくない。

デスクには電気蚊取り器が置いてある。その時、蚊はいなかったが……。

ミケランジェロとヤコブセン

NOX HOTEL

ホテル・ノックス

スロベニア／リュブリャーナ

Add: Celovska cesta 469, 1000 Ljubljana, Slovenija
Tel: +386 1 200 95 00
URL: www.hotelnox.com

リュブリャーナの郊外、シェントヴィト地区にある。空港まで20km。

スロベニアはスポーツ選手を多数輩出しているので名はよく聞くが、入国は初めて。人口は約205万。ユーゴスラビアから独立した、若く小さな国だが、クロアチア、ハンガリー、イタリア、オーストリアに囲まれ、アルプス山脈の南端でもありアドリア海にも接している自然豊かな国でもある。

東欧、中近東などいろいろな文化が混在し、交差路といわれその歴史は極めて複雑。古代ギリシャ・ローマ時代にはイリュリア王国は戦いを繰り返していたとされ、あのシェイクスピアの戯曲『十二夜』にも登場した。リュブリャーナは、フランス第一帝政時代にはイリュリア州の首都だったこともある。

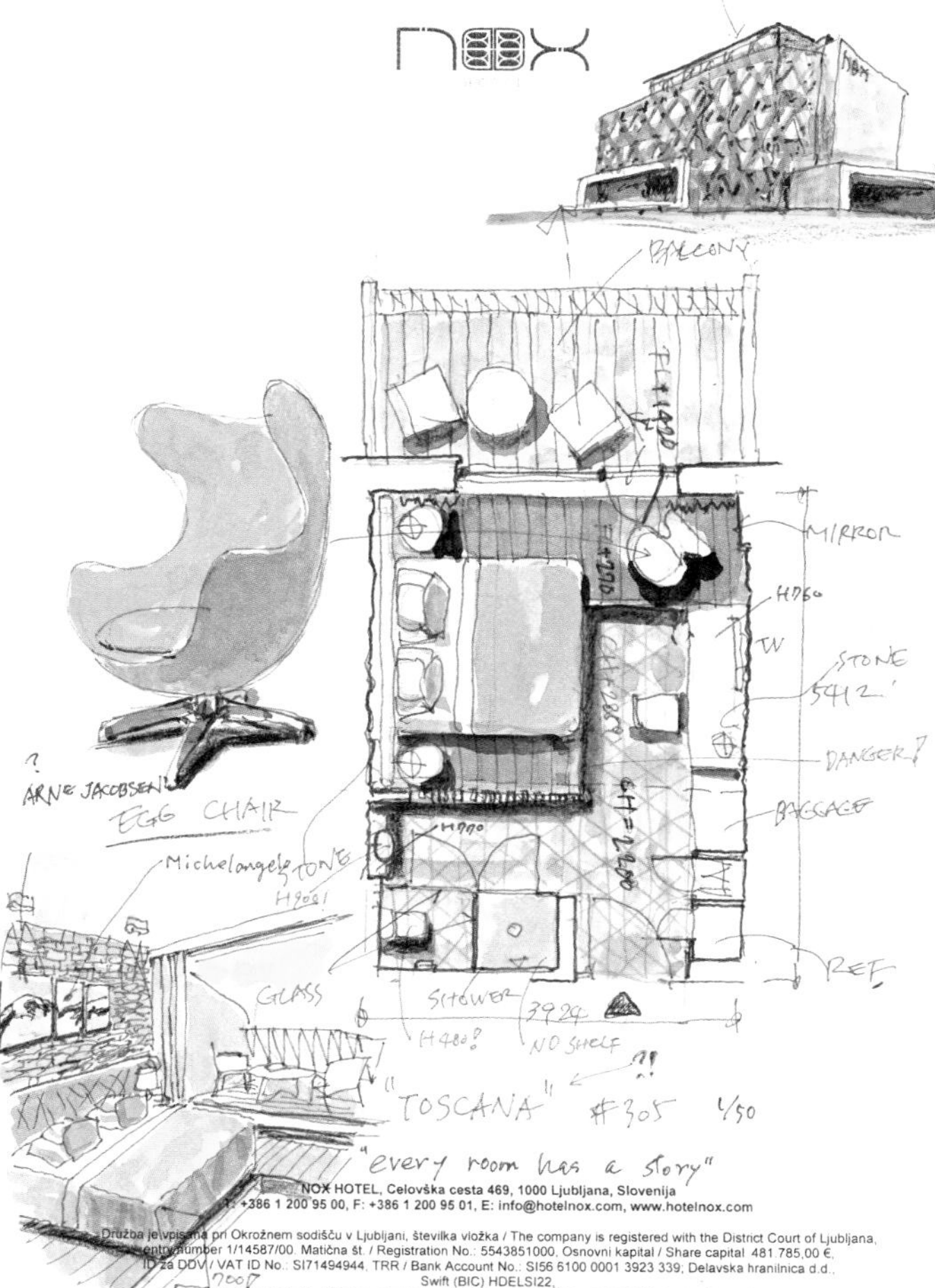
nox
BALCONY
MIRROR
H760
TV
STONE
5412
DANGER?
BAGGAGE
REF
ARNE JACOBSEN
EGG CHAIR
Michelangelo STONE
H900
GLASS
SHOWER
3924
H480
NO SHELF
"TOSCANA" #305 1/50
"every room has a story"
NOX HOTEL, Celovška cesta 469, 1000 Ljubljana, Slovenija
T: +386 1 200 95 00, F: +386 1 200 95 01, E: info@hotelnox.com, www.hotelnox.com
Družba je vpisana pri Okrožnem sodišču v Ljubljani, številka vložka / The company is registered with the District Court of Ljubljana, entry number 1/14587/00. Matična št. / Registration No.: 5543851000, Osnovni kapital / Share capital 481.785,00 €,
ID za DDV / VAT ID No.: SI71494944, TRR / Bank Account No.: SI56 6100 0001 3923 339; Delavska hranilnica d.d.,
Swift (BIC) HDELSI22,
Matično podjetje / Parent undertaking: Hit Preless d.o.o., Žlebe 1, 1215 Medvode, Slovenia.

あまり知られていないが、ヨジェ・プレチニック*というスロベニア出身の建築家がいた。主に20世紀前半に活動し、国を代表する建築家とされ、首都リュブリャーナの市内でいくつもの仕事を見ることができる。その作風はかなり変わっていて、前時代の様式やウィーン分離派の流れも感じ取れ、いまや「古きモダン」となったものとか、民族的なものも強く感じさせる。不思議な造形感覚で一筋縄ではいかない。混在する文化を象徴しているようだ。

リュブリャーナ市街にあるリュブリアニツァ川の有名な「三本橋」（これもプレチニックの設計）付近は、観光客であふれていてカフェもいっぱい。

プレチニックの建築をいくつか見てから、やや郊外にあるNOXという2013年にオープンしたホテルにチェック・イン。NIMO STUDIOを主宰するスロベニアの若き建築家Niki Motohの設計である。都心から少し離れているが外観も刺激的だからすぐわかる。1階には有名家具メーカーのショールームが入っていてたくさんの名作椅子に出会うこともできる。ヤコブセンもショールームの展示品なのだ。夜はちょっと気取った若者が多く、リュブリャーナの若いセレブたちの溜まり場になっている。

24室すべての部屋のデザインが異なることを売りにしていて、それは楽しい。

私の部屋は「トスカーナ」という名だったのだが、バチカンのシスティーナ礼拝堂にあるミケランジェロの天井画『アダムの創造』の指の拡大写真がベッドの上に掲げられ、唐突にアルネ・ヤコブセン*の黄色いエッグチェアがあったりしてハチャメチャ。でも全体に抑えられた色彩のいいカラースキームで仕上がっている。外部のデッキとレベル調整するためか、部屋の半分が1段上がっているから極めて危険なのだが、それほど広くない空間に変化が生まれていて面白い。

私はバスルームはいずれ溶けていくと思っているのだが、ここなどその例証になる。見せてもらった「BEACH」という名の部屋など、すべて透明ガラス張りで丸見え。ブラインドもなかった。あのガラスさえなくなる日も近い！

下着はしばらくなくならないだろうが……。

＊ヨジェ・プレチニック

Joze Plecnik（1872－1957）スロベニア出身の建築家・都市計画家。リュブリャーナ生まれだがオットー・ワグナーの下で働き、ウィーン分離派運動にも関わった。その後、ウィーン、ベオグラード、プラハ、リュブリャーナで活動し、スロベニアに多くの作品を残した。主な作品に「ツアッヘル・ハウス」（1905）、「三本橋」（1932）、「スロベニア国立大学図書館」（1941）、「リュブリャーナ中央市場」（1942）など。a＋u 2010年12月号所収。

＊アルネ・ヤコブセン

Arne Emil Jacobsen（1902－1971）デンマークの建築家・デザイナー。モダンデザインの代表的建築家。主要な作品にSASロイヤルホテル、デンマーク国立銀行など多数。セブンチェアやエッグチェアなどの家具デザインも多い。

480
920

column 6

旅と西行

「旅」という響きが好きだ。

　旅には未知のものに接する、その期待に何かわくわくするものがあり、それにいつか帰ってくるというイメージもある。でもそれだけではない。旅にはちょっと違うイメージもあったのだがそれが何なのかずっとわからなかった。

　西行法師のことを調べ、ははあ、これだ……と確信した。

　西行（1118-1190）は平安時代から鎌倉時代初期の人。平清盛と同い歳。佐藤義清という名の「北面の武士」であった。妻を娶り、子をもうけ、何不自由のない暮らしをしていたが、23歳で家族を捨てて突然出家遁世する。失恋説もあるが、追いすがる子供を蹴落としたという話まである。やがて西行と号し、各地を旅し、庵を結び、たくさんの秀でた歌を残した。桜の木の下で死にたいという歌もある。

　何と勝手な……という評もないわけでもないが、「一切を捨てる」ことの激しさも見てとれる。旅というイメージのなかにこれがわずかながらあるのだ。出家、出奔、遁世、隠棲、漂泊、死出の旅などというそれほど深刻なものではないのだが、旅には何かを捨て去り、やがて戻るというニュアンスがある。戻ることは「還る」「還俗」に通じる。定住する地をひととき離れるという気分には、日常の「しがらみ」から離れて……というニュアンスを含んでいることは否めない。頭のどこかに西行のイメージがあるのだ。

　そして旅先で寝ることは客死*のオマージュでもある。

　初めて泊まるホテルの門を潜るときはいつも何かを期待している。見知らぬ土地で裸になり、バスタブに身を横たえて目を閉じる。その無防備さと日常性を断ち切ったかのような解放感は「沐浴（もくよく）」や「禊（みそぎ）」にも似て、何物にも代え難い。

　そのやや不遜な感覚を味わうためにホテルを探していると言えなくもない。


　小さな庵みたいな住居も好きだ。昔、世捨て人が結んだ簡素な庵には、プレファブみたいなものもあったという。* 西行も吉野の山中に庵を結んだ。キャンプのテントとはちょっと違うが、小さな組み立て住居というか、「イオリ」を携えて旅をしてみたいという夢がある。

　スマホを蹴り飛ばしてちょっぴり西行みたいに……。

＊客死
旅先で死ぬこと。

＊京都下鴨神社の摂社、河合神社には鴨長明が結んだ方丈が復元されている。

赤いヤマアジサイ「くれない」

旅館の矜持

西村屋本館
日本／城崎温泉

麦わら細工

日本の旅館を忘れてはいけない。
すばらしい旅館は上質なホテルよりもホスピタリティが高いといわれることもあるが、基本的なものが異なるところもあってなかなか同列には論じられない。

フランク・ロイド・ライトの弟子、遠藤新*は甲子園ホテル*を設計したのだが、客室を1段高くして畳を敷いた部屋をつくり、当時は大変好評だったそうだ。以降和洋折衷が当然のようになり、旅館にもホテルにもそんな形式が現れて定着してしまった。
その評価は分かれたままである。

Add: 兵庫県豊岡市城崎町湯島 469
Tel: 0769-32-2211
URL: www.nishimuraya.ne.jp/honkan/

兵庫県の城崎温泉の老舗旅館。

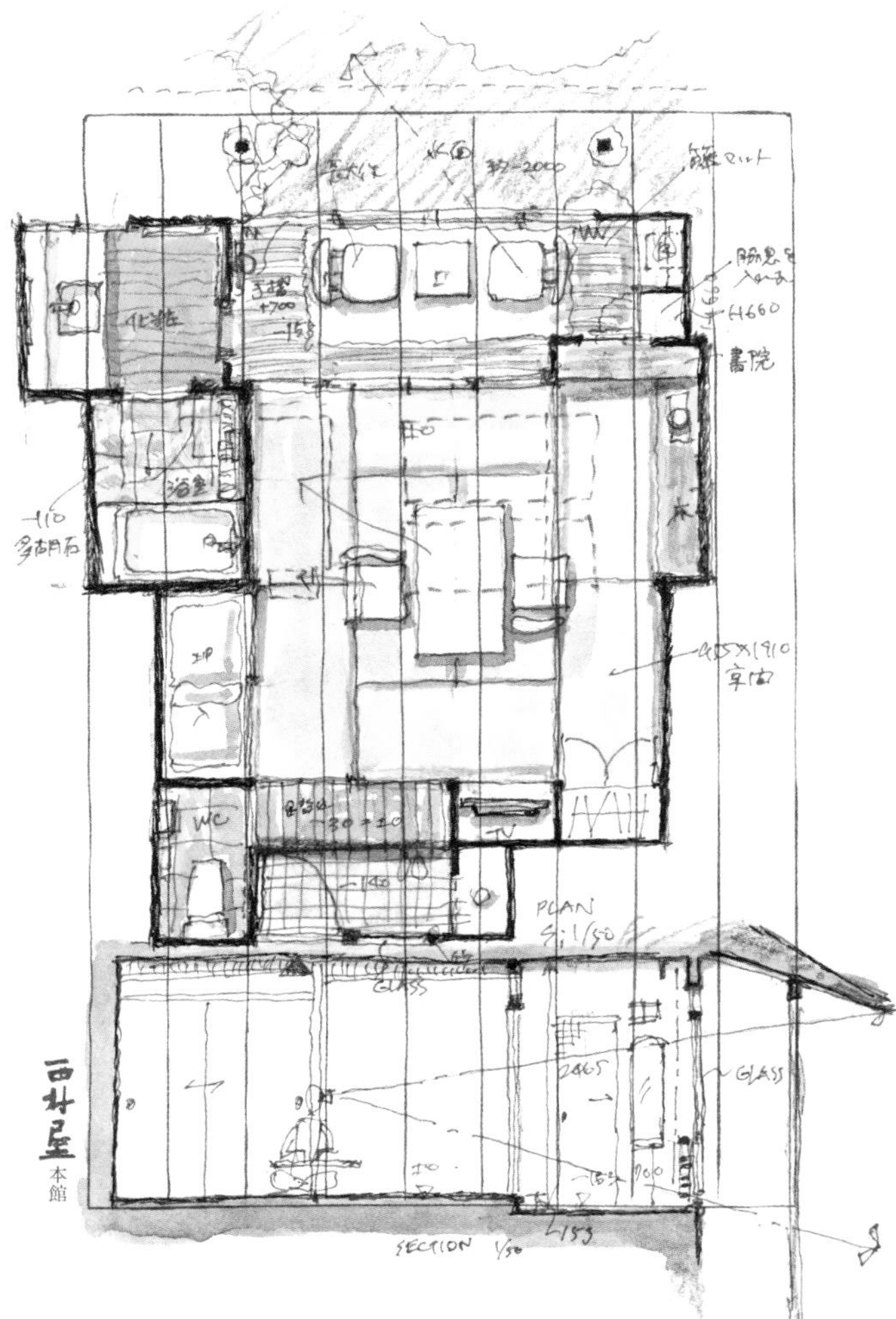

書院
H660
化粧
浴室
WC
TV
PLAN
S:1/50
GLASS
GLASS
SECTION 1/50
西村屋
本館

現在の和洋のあり方はその流れではないように見える。

レベル差をあえてつくって空間や視点に変化をつくったり、重心や座様式や上足・下足の観念を変えてみたり、旅館とホテルが新しい日本の宿泊施設のあり方を模索しているように見えるのである。

伝統的な旅館は徹底したバトラーサービス。そして浴室は共同が主。食事は最近少なくなったが部屋食。食事時間はあらかじめ定められ、内容もアラカルト注文方式ではない。また扉は引き戸が多いので遮音はホテルのようにはいかなく、床は畳が主体で立ち居振る舞いは座様式。座敷が寝所や食事処にもなって変幻自在。そして1：1以上の対人サービスだから「心付け」などにも気を遣うことになる。だから「僕は嫌いだね」という向きもある。

さて、これは典型的な高級旅館らしい旅館。矜持を感じる。

城崎は兵庫県の美しい温泉町。街の中を流れる大谿川に柳がそよぐ。ここでイモリに石を当ててしまった*のかなどと浅い清流を眺める。その川沿いに旅館や土産物店などが楚々と並んでいる。この「楚々と」が大事で、賑やかになってしまった温泉街にはもうそれを望むべくもない。この宿はその川からちょっと離れ、街の中心部を過ぎたあたりにある。

きちんとした純日本的な旅館で江戸安政年間に創業されたという。門や玄関の佇まい、帳場、ロビーから見える庭園など、初めて見るのになぜか懐かしさを覚える。

別棟には、あの平田雅哉*の手になる平田館があり、近代数寄屋造のすばらしい遺構が残されているのだが、今回の対象ではない。

案内された部屋は京間*の８畳。内法高*１７８０㎜天井高２３１０㎜。床の間に書院が付く。面皮の柱*。天井の杉板は中杢*がせまくて美しい。床は高いレベルにあって、庭は俯瞰する視点。軒は深い。浴室が付いているが、共同の浴室に向かう。

この街は外湯めぐりでも有名で、いくつもの共同浴場を浴衣姿で「はしご」することができる。

入浴を終えて「いい湯だった」と帰ってくると、部屋食の用意ができている。その日は松葉ガニを中心にした食事を楽しんだが、仲居さんはご飯が少なくなった頃にすっと現れて、「おかわりいかがですか？」などと言ったりする。

牡丹雪が降ってきた。

食後、ラウンジでコーヒーをいただいている短い時間に部屋に布団が敷かれた。

仲居さんは掛布団の裾を押さえながら「外は寒くなりましたね」などと笑顔で応対し

たりする。このホスピタリティはすごい！　この驚くべき心遣いはどうしてできるのだろう。気配とか、かすかな音がきっかけなのではないか？　と思う。そして彼女たちはきっと「間（ま）」を感じているのだ。見なくても客の行動がわかるのだ。

私はホテル泊が多いのだが、時々旅館に身を任せてみたくなる。ヒューマンスケールを再確認したいためと、人的なサービスに触れたいと思うからなのか。

明日は雪も止んでいるだろう。少し歩いて麦わら細工＊の店でも覗いてみよう。

＊遠藤新
（1889－1951）。東京帝国大学工科大学建築学科卒。フランク・ロイド・ライトと出会い、帝国ホテルの設計・建設に従事。代表作に「甲子園ホテル」。

＊甲子園ホテル
1930年竣工のホテル。現武庫川女子大学甲子園会館。

＊イモリに～
志賀直哉（1883－1971）。代表作の一つに小説『城の崎にて』があり、主人公の気まぐれで小石を投げてイモリに当たってしまうくだりがある。

＊平田雅哉
（1900－1980）藤原新三郎棟梁に師事、30歳で独立。朝香宮の茶室など数多くの茶室、住宅を手がけ、また吉兆など数寄屋造の料亭、旅館などに手腕を発揮した。1973年瑞宝章受章。西

村屋の「平田館」は1960年の作。

＊京間

京都・西日本で多く用いられた寸法体系。畳寸法3尺1寸5分（955㎜）×6尺3寸（1910㎜）

＊内法高

鴨居（かもい）と敷居の間の距離。

＊面皮の柱

角を自然の丸面のまま残した柱、数寄屋造では「行」の相といわれる。

＊中杢

木目で中央に板目、周囲が柾目（まさめ）の良材。

＊麦わら細工

280年ほど前から伝わる城崎の伝統工芸品。開いた色麦わらを切り、箱などに精緻に張っていく。

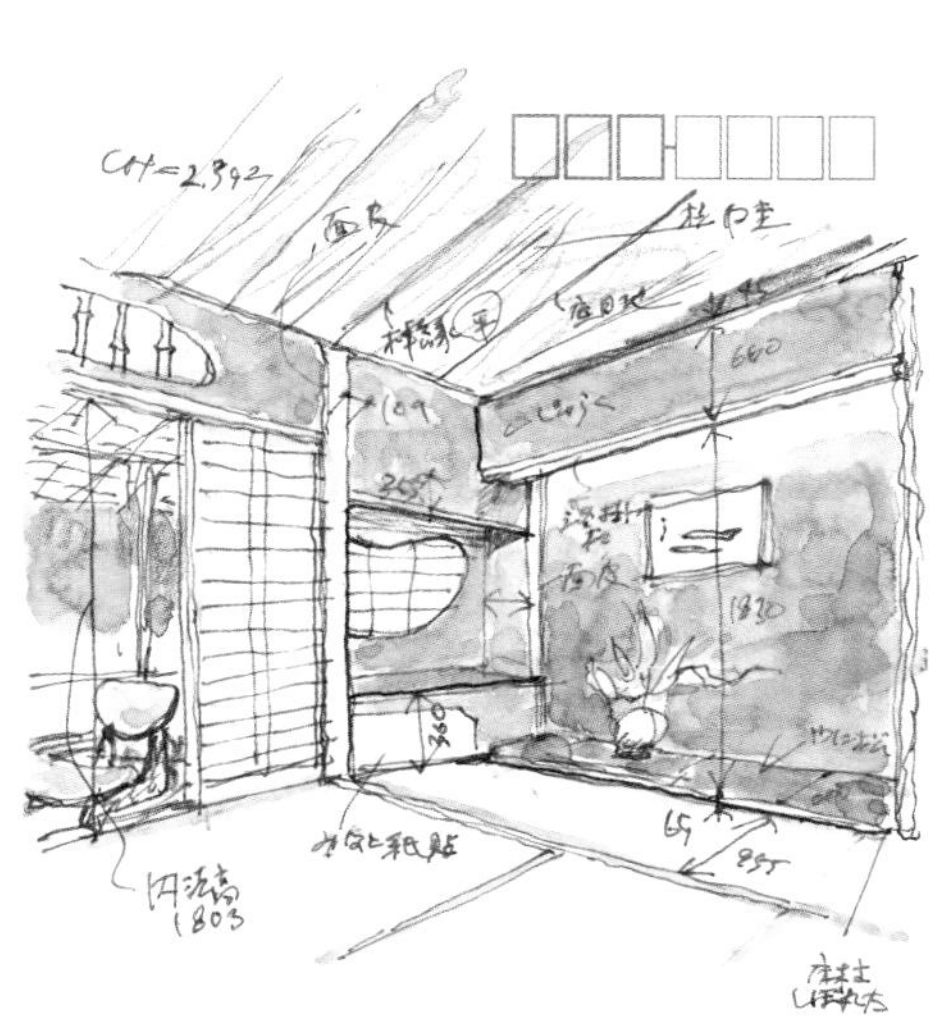

首席建築家

Hotel Mansart

ホテル・マンサール

フランス／パリ

Add: 5, rue des Capucines 75001 Paris France
Tel: +33 1 42 61 50 28
URL: https://www.esprit-de-france.com/fr/mansart

ヴァンドーム広場から至近。どこに行くのも便利。

パリの中心部、かのルイ14世の栄光を讃えるために建設されたというヴァンドーム広場近くでブルガリの隣という最高の立地の４つ星。

ホテルは、17世紀にそのヴァンドーム広場を設計した建築家ジュール・アルドゥアン＝マンサール*の名を冠している。建築家の名がホテル名になるなど珍しいが、王室の首席建築家とは私たちの想像を超えるものがあるのだろう。

古いパリジャンの邸宅を改造した57室は全体にエレガント。さすがに床の一部が少し下がっていたのだが、その他は広さもあって気持ちがいい。のんびりした雰囲気はここがパリのど真ん中ということを忘れさせる。

家具の多くはアンティーク。部屋の中央に折りたたみ式の丸テーブルがあったので、ルームサービスで大皿にサラダを注文し、このテーブルでいただいたのだがこれは正解。

テーブルの前にあるマントルピースはフェイクやダミーなどではない。ホンモノ。昔、ほんとうにそこで火を使っていた形跡がある。多分壁の中に煙突があるのだろう。寒くてもこれだけで暖をとっていたのだろうなあ。

昔のパリに住んだ気分になる。

＊ジュール・アルドゥアン・マンサール
Jules Hardouin Monsart（1646－1708）フランスの建築家。ルイ14世の首席建築家になった人物。フランスの後期バロック建築の第一人者の一人であり、ルイ14世の権力と栄光を表す数々の建築物を手がけた。

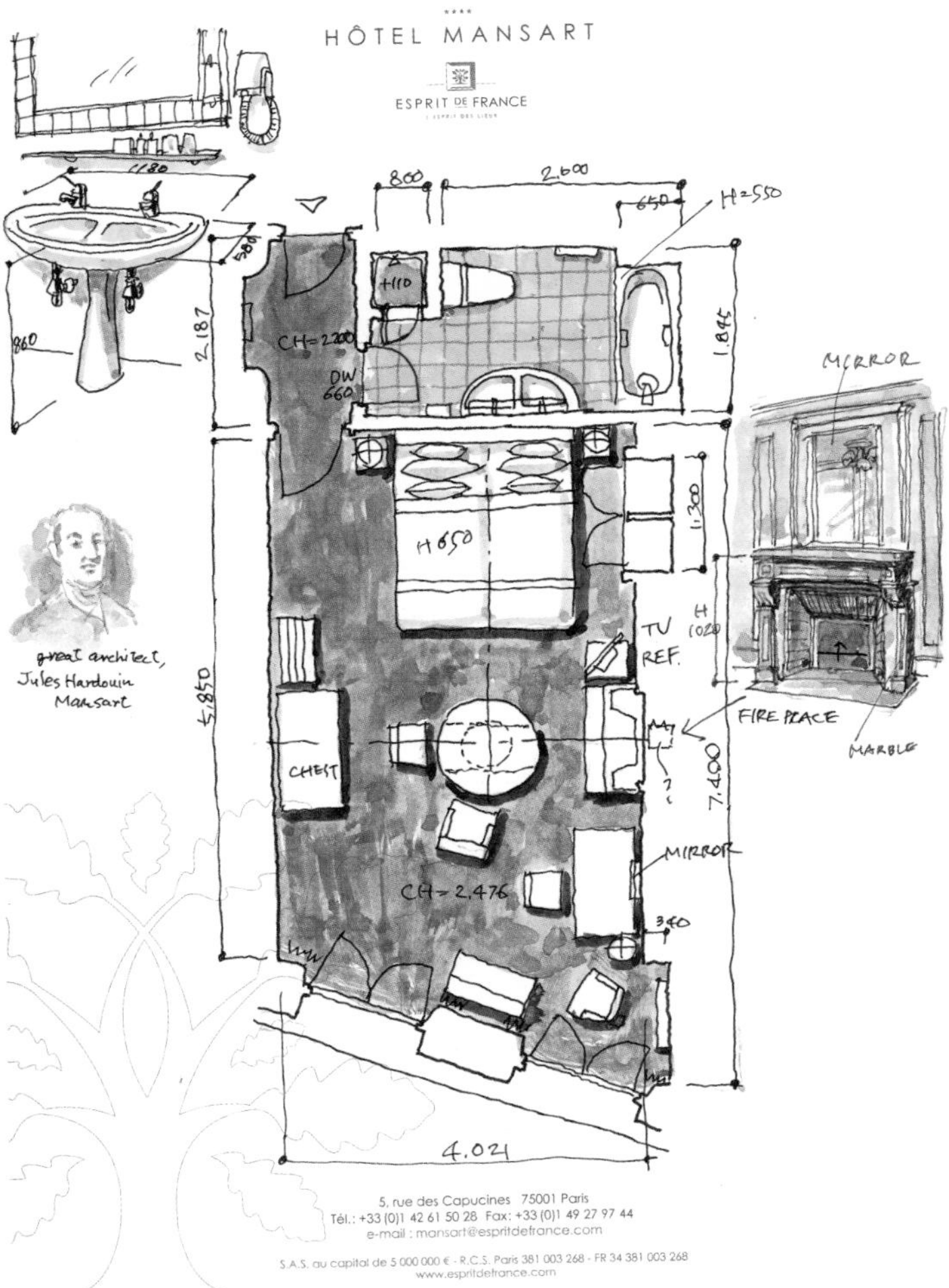
HÔTEL MANSART
ESPRIT DE FRANCE
1180
580
860
800
2,600
650
H=550
H10
2,187
1,845
CH=2200
DW
660
MIRROR
H650
1,300
TU
REF.
H
1020
great architect,
Jules Hardouin
Mansart
5,850
CHEST
FIRE PLACE
MARBLE
7,400
MIRROR
CH=2,476
340
4,021
5, rue des Capucines 75001 Paris
Tél.: +33 (0)1 42 61 50 28 Fax: +33 (0)1 49 27 97 44
e-mail : mansart@espritdefrance.com
S.A.S. au capital de 5 000 000 € - R.C.S. Paris 381 003 268 - FR 34 381 003 268
www.espritdefrance.com

ウィーンの扇

DO&CO Hotel Vienna
ドー&コー・ホテル
オーストリア/ウィーン

Add: Stephansplatz 12, Haas Hous
1010 Wien, Austria
Tel: +43 1 24188
URL: http://www.docohotel.com

ウィーンで最も繁華なシュテファン大聖堂の前にある。

いささか旧聞に属するが、かのハンス・ホライン*がウィーンの中心にある世界遺産シュテファン大聖堂前にデパートとして設計した「ハースハウス」が一部このような43室のホテルになっている。2006年改装。

外は相変わらずものすごい人出だがホテルとしてこんなにわかりやすい立地はない。ホラインのような「かつて前衛」の建築がいまだに陳腐化しないのは、素材がリッチなものを使っているからではないかと思われる。時代は違うが、ウィーン市内のアドルフ・ロース*が設計したロースハウスなどを見てもそれを感じる。いつの世もコンテンポ

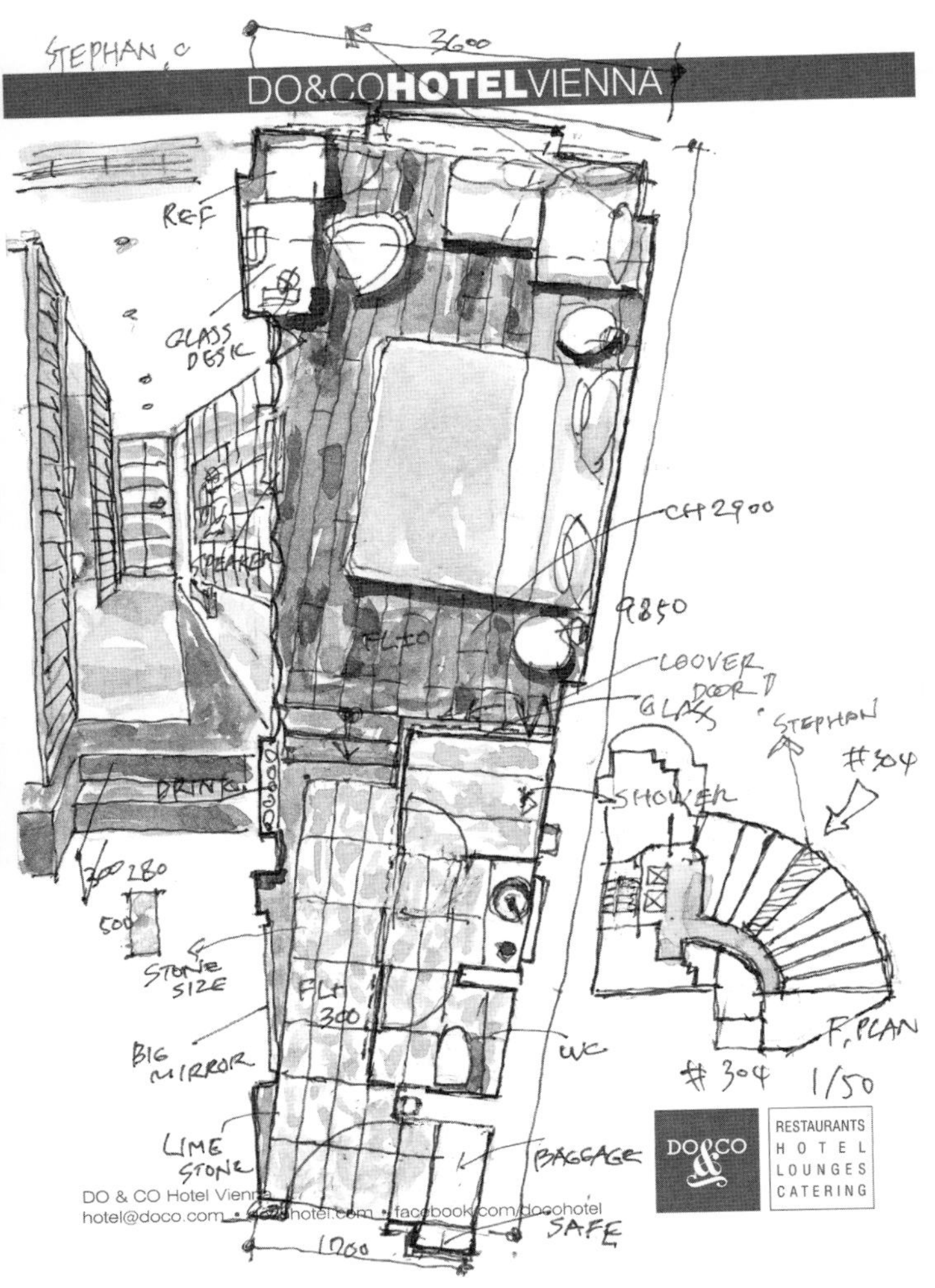
STEPHAN
3600
DO&COHOTELVIENNA
REF
GLASS DESK
SPEAKER
DRINK
280
500
STONE SIZE
BIG MIRROR
LIME STONE
FL 300
WC
BAGGAGE
SAFE
1000
CH 2900
9850
LOOVER DOOR
GLASS
SHOWER
STEPHAN
#304
F.PLAN
#304
1/50
DO & CO Hotel Vienna
hotel@doco.com • docohotel.com • facebook.com/docohotel
DO&CO
RESTAURANTS
HOTEL
LOUNGES
CATERING

ラリーなものは、素材が本物でリッチなものでなければならないという所以(ゆえん)。ポストモダンでもミニマリスムでも安普請(やすぶしん)は短命なのだ。

このハースハウス、基準階は円の一部を含んだ変形平面だから、ゲストルームにするとチーズを切ったようなというか、扇を半分たたんだような平面、32㎡という部屋の奥行きは10m近くに及ぶ。部屋の入り口近くには巨大な鏡があって狭さを和らげているが、そこかしこに工夫の跡が見える。

室内にレベル差があり、高いレベルには水まわりがあって床はライムストーン。石の割付けなどがうまい。この蜂蜜(はちみつ)色のライムストーンは好まれる。低いレベルにはベッドやパーラーがあってフローリング。床上配管としたということもあるだろう。

シャワールームもトイレも透明ガラス張りで、外側にルーバーの折りたたみ扉や引き戸がかろうじて付いているのだが、ガラスはクリアだから中がよく見えてしまう。私が主張する「バスルームはだんだん溶けていく」という説の途上の姿に見えた。バスルームからの眺望重視ということや部屋全体を広く見せたりということもあるだろう。

この部屋の窓からは洗われて白くなったシュテファン大聖堂が見える。チェック・イン前に部屋からのビューを確認することをお薦めしたい。窓にはカーテンみたいなものを使いたくないとばかり、室内側に雨戸のようなパネルが左右連動して開閉する。バランサーが付いているのか軽い動き。

壁面や窓の膳板に黄色いスエードを多用しているのが珍しい。

ベッドサイドテーブルなどのテーブルトップは銀の「トレー」でできている。これは全館いたるところにある。面白い。

このホテルを経営するグループは市内でケータリング業務やいくつかのレストランを運営しているだけあって、上階にあるバーやレストランの味はなかなかのもの。ここもいい席を予約したい。

扇形平面だったので実測にはちょっと時間がかかったがそれも終わった。

ウィーンは見るべきものがあって忙しい。さてオットー・ワグナーのシュタインホーフ教会*とか、アルベルティーナ美術館*でも見に行くとするか。

＊ハンス・ホライン
Hans Hollein（１９３４‐２０１４）オーストリアの建築家。レイノルズ記念賞、プリツカー賞など受賞多数。主要作品に「ハースハウス」（１９９０）、「レッティ蠟燭店」（１９６５）、「メンヘングラトバッハ市立美術館」（１９８２）など。

＊アドルフ・ロース
Adolf Loos（1870－1933）オーストリアの建築家。「装飾は罪悪である」という主張が波紋を呼んだ。作品にロースハウス（1910）など。

＊アム・シュタインホーフ教会
オットー・ワグナー（1841－1918）の設計。1907年竣工。ウィーンの中心部から6㎞ほど離れた山上にある。精神科病院の礼拝堂としてつくられた。正面には彫像が並び、内部は白色と金色を多用した華麗なもの。

＊アルベルティーナ美術館
世界有数のグラフィック・コレクションで知られ、デューラーの『野兎』やモネ、クリムトなどの絵画などのコレクションがある。

部屋の窓からシュテファン大聖堂が見える

トレーの下はトイレ

Hôtellerie du Bas-Bréau

バ・ブレオ

フランス／バルビゾン

Add: 22 Grande Rue, 77630 Barbizon, France
Tel: +33 1 60 66 40 05
URL: https://www.hotelleriedubasbreau.com

パリ郊外のフォンテーヌブローの森に隣接するバルビゾン村にある。

バルビゾンはパリの南東に位置するいわゆる「都市郊外の田舎」で、車でパリから1時間ほど。

そのときは秋が深まり、フォンテーヌブローの広大な森は全体が明るい黄色や褐色に染まり見事な風景が広がっていた。

グレー村*に立ち寄る。

かつて画家黒田清輝（くろだせいき）*が2年間くらいだがここに居を構えて『読書』などの代表作を描き、日本から何人もの画家が訪れ、浅井忠（あさいちゅう）*もやってきては数枚の絵を残している。そ

Hôtellerie du Bas-Bréau

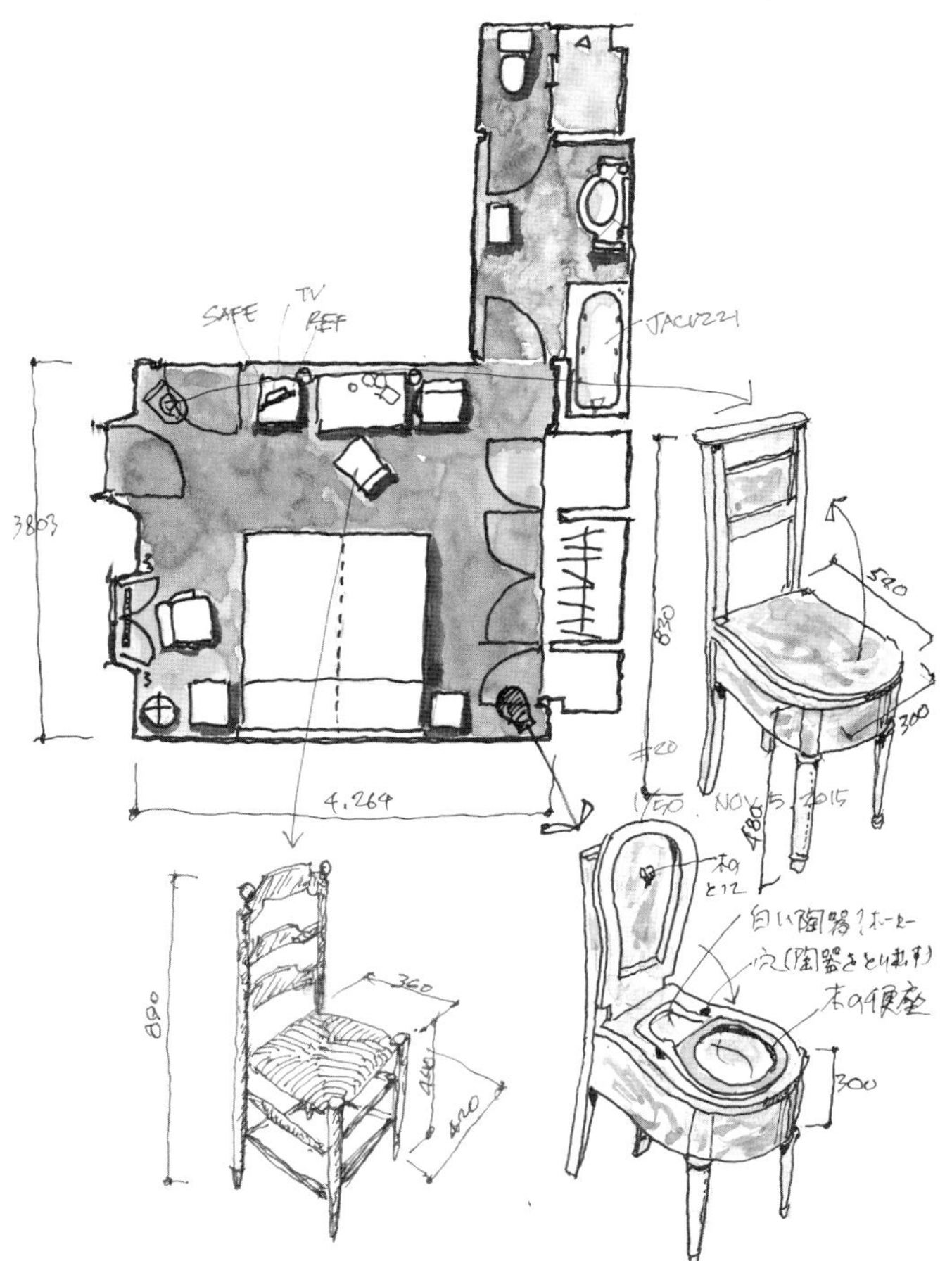

の住宅の外観を見る。

『グレーの秋』『グレーの洗濯場』と題した浅井の絵は美術の教科書にも載っていたと思うが、いつかはその風景を実際に見たいという思いがあった。小さな町の横をゆったりと流れるロワン川にかかる石橋の下、鴨（かも）のような鳥が流れ来る水草や小魚などを追いかけていて、岸辺の大きな樹木が黄色い葉の影を水面に落としていた。洗濯小屋だった跡も残っている。

「ああ、ここだ」。

かつて日本の絵描きたちが筆を動かした地に立ち、なぜかホッとした。

フォンテーヌブローの宮殿を横目で見ながら大きな森を抜けてバルビゾンに入った。小さな集落だがミレー*の一連の絵画やバルビゾン派と呼ばれる絵描きたちで有名になったところ。ミレーが26年間住んだというアトリエを見る。小さく質素だ。

街のいたるところにミレーなどの絵を大きなモザイク画にして掲げているのは、ちょっと残念。『晩鐘』を描いたところにもあるが、これはちょっといただけない。

小さな一本道の左右の風景は、フランスの美しい村のイメージが凝縮されているようなきれいな街。不動産屋が多いが、パリから近いこともあって、別荘地というよりいまやここは通勤圏なのかもしれない。


さてホテル。ハーフティンバーの建物の奥に、プールもある広い芝生や花の中庭があり、客室棟はそこに面していてレセプションとは別棟。夏やクリスマス・シーズンは家族連れで賑わうようだが、11月はひっそりしてほかに誰も客がいない。

プラタナスの影が落ちた誰もいないカフェなど、古いフランス映画でも見ているような気にさせる。

客室はクラシックなイメージでつくられ、華やかな壁紙の部屋もある。チェアは田舎風でバスは気泡浴槽。ビストロでワインを飲んで鴨料理をいただいたせいか、眠気が襲ってきた。実測は明朝にしよう。

翌朝、目覚めるとベッドのすぐ傍にある、コーヒーメーカーをトレーにのせた椅子が気になった。どうもプロポーションが変だ、座が厚すぎる。座面を上げてみて「あっ！」と驚いた。

なんとトレーの下はトイレではないか。

でもなぜベッドのすぐ脇に置いて、コーヒーメーカーをその上にのせるなんてことをするのだろうか？　古道具だろうけれど信じられない。

椅子型の「おまる」である。下水がなくて流すことができない時代、こんな椅子の蓋を開けて木の便座に座り、中の白い陶器とかホーローに鳥の羽根などを敷いて用を足し、従者がそれを清掃したのだろうか？　宿でもこうしてベッドの傍に置いたのだろうか？

雪隠（せっちん）は別棟や別室……という日本古来の文化とはおおいに違う。

パリの下水道は割合早くできたのだが、そういえば黒田清輝が描いたグレーの家の平面図を見ると、確かにバスルームやトイレがない……ということは黒田や浅井たちもこれを使ったのかもしれないではないか？　あるいは日本風に別棟？

トイレ椅子を前に、頭の中を「？」でいっぱいにしてしばし考え込んでしまった。

＊グレー村

Grez-sur-Loing フランスの村。パリ市街から南東へ約60㎞。フォンテーヌブローの南西約12㎞に位置する小村。アメリカ、イギリス、北欧の画家や音楽家たちが滞在。早くからコロニーとして知られていたバルビゾンやフォンテーヌブローにはない魅力があったとされ、それはこの村に流れるロワン川にあったといわれている。黒田清輝の滞在以後、浅井忠、和田英作、岡田三郎助、白瀧幾之助、児島虎次郎、都鳥英喜、安井曾太郎などの画家たちが、この地を訪れている。

＊黒田清輝

（１８６６－１９２４）鹿児島県生まれ。二松學舎卒業後パリで画家に転身、帰朝後白馬会を結成、東京美術学校洋画科教員となる。帝室技芸員に選ばれ、また帝国美術院院長などを歴任。１８８７年子爵を襲爵。第５回貴族院子爵議員互選選挙にて当選し、１９２０年に貴族院議員に就任している。代表作に『読書』『舞妓』など。２０１６年には生誕１５０年大回顧展が開催された。

＊浅井忠

（１８５６－１９０７）明治期の洋画家。教育者としても足跡を残した。明治美術会を興し、東京美術学校教授に就任。１９００年フランスに留学。代表作に『春畝』『収穫』『グレーの秋』『グレーの洗濯場』など。

＊ミレー

Jean-François Millet（１８１４－１８７５）19世紀のフランスの画家。フォンテーヌブローはずれのバルビゾン村に定住し、風景や農民の風俗を描いた。代表作に『晩鐘』『落穂拾い』『種まく人』など。

column 7

ウイズコロナのホテル

２０１9年後半に始まった新型コロナウイルスによる世界的な感染症の拡大はすさまじいものがある。1億人が死に至ったという14世紀のペスト大流行と比較されるほど。

感染率、死亡率、そしてそのエリアの拡大とスピードは想像を絶するものになった。さまざまな概念が変わったように思えるが、経済を含めて世界的にいろいろな活動が停滞してしまった。産業構造、医療体制、リベラルと規制のあり方など見直すべき内容は広く、深い。なにしろ死活に関わるのだから深刻だ。

ハーメルンの笛吹き男や祇園祭の発祥などを例にするまでもなく、人類はこれまで疫病との闘いに終始してきた長い歴史があるのだが、今の世でこんなにあっという間に感染が蔓延し、ワクチンや薬の開発など、人間の叡智といってもその脆弱さを世界中が知ってしまったことは否めない。

旅とか宿についてもパラダイムが変わってしまったのかもしれない。

もとより宿は「安全」「清潔」が優先されるのが当然の施設だったが、さらに強い目標第一になったとは……。

そもそもヒトが動き回らないと旅の目的が変質する。そして集会や会議、宴会の機会が減り、行動様式やモチベーションにも大きな変化を生じさせる。団体やグループより個人旅行を選ぶという傾向がふえ、あらゆるモノやヒトの接触性について再考され、保健・衛生についての習慣・観念を変えるきっかけになってしまった。

事業のあり方や物事を楽しむビヘイビアにも変化が生まれた。ますますインターネットやパソコンでやり取りを完了させることに重きが置かれ、人間同士の関係や共同体の姿が変わってくる。バーチャルな世界はこれまでのリアルな世界から簡単に変わると思えないが、台頭することは間違いない。

政治、経済、コミュニケーションやショッピング、ビジネスのあり方も、そして旅の姿も宿も変わる。そして多分、新しい施設が誕生する。

ホテルはホスピタルに近づき、テレワークのための時間貸しルームになったりするだろう。ゲストルームは「都市の中の泊まることもできるレンタルルーム」となって都市にばらまかれて、開放されるのではないだろうか。それも自宅から歩いて行かれる距離で。大規模なものや接触性は制限される世界に変わるように思える。それに都市とは限らない。テレワークやラインでつながるだけだと、「場」を限らなくなる。新しいその施設はなんと呼ばれるのか。

もとよりホテルのゲストルームとは、都市やリゾート地域で個人が時間と空間を切り取って独占する施設……とも言えるのだが、住居がなくならないように、ホテルという概念の施設は変質することはあってもその存在はきっとなくならないのだ。

コミュニケーションは他人と会うことが当たり前であったとしたら、昔のペスト並みの大流行になっていたかもしれない。コロナ禍にスマホはシェルターとしての機能を遺憾なく発揮した。

ドアノブをはじめ、非接触型の操作が多くなり、マスクや手洗いや消毒液が常態化する。これらは建築やインテリアにも大きな影響を与えるであろう。

気になるのはエドワード・T・ホール*の『かくれた次元』の論理である。

この書でホールは、動物の種によって密接距離や社会距離が異なることを説いた。しかし、この新型コロナウイルス騒ぎがもたらした人間同士の距離感覚などは、その説を修正せざるを得ないものになったのではないかと思わせる。

民族などで多少の差があったが、ソーシャル・ディスタンスとか言って他人との間を2mくらいあけるという習慣はこれまでの人間にはなかった。密度によって集会を避けるという感覚もなかった。「クラスター」という概念もなかった。マスクをしていないヒトを避けることが当然になり、「口角泡を飛ばす」などとんでもない。

先日、京の鴨川堤を何気なく見ていてあっと声が出そうになった。カップルが同じような間隔で並んで座るのはいつもと変わらないのだが、そのピッチが2割ほど大きくなっているように見えたのである。ソーシャル・ディスタンスである。コロナ以前を測っておけばよかった。

私たちに「感染距離」というスケール感が生まれ、人間のまわりに存在している「泡」の大きさが変わったようにさえ思える。

＊エドワード・T・ホール
Edward T Hall（1914-2009）アメリカの文化人類学者。異文化コミュニケーション学の先駆者。著書に『沈黙のことば』『かくれた次元』など。

おばあさんに扮した狼

Grimm's Potsdamer Platz

グリムス・ポツダム・プラッツ

ドイツ／ベルリン

Add: Flottwellstrase 45, 10785 Berlin, Germany
TEL: +49 (0) 30 25 80 08 0
URL: https://www.grimms-hotel.de

ポツダム・プラッツ。できればショールームしてから決めるといい。

前の大戦で、日本が無条件降伏を勧告された「ポツダム宣言」は、ベルリンから30kmほどのところにあるポツダム市のツェツィーリエンホーフ宮殿で行われた会談で採択された。

市内にはもう一つ夏の離宮としてプロイセン王国時代に建てられたロココ建築のサン・スーシという宮殿もあるが、そこは格子付きの窓が段状に並んでいてなかなかきれい。

ベルリンの中心部には、その街の名を冠したポツダム広場がある。

そこにはハンス・シャロウン*設計のベルリン・フィルハーモニー・ホールやヘルムート・ヤーン設計のソニーセンターなどがあるが、絵画館の収蔵品には恐れ入った。クラーナハ、デューラー、カラバッジオ、レンブラント、フェルメールなど巨匠の名作がひしめいている。元王宮のコレクション。

1963年竣工のベルリン・フィルハーモニー・ホールも健在。ヘルベルト・フォン・カラヤンには評判がよくなかったというあの独特なワインヤード型のコンサートホールで、ベルリン・フィルの音を楽しむことができる。

前置きが長くなったが、この中級ホテルはそのポツダム広場から歩いて行ける。グリムスとは何のことかと思っていたら、グリム兄弟*のことでありました。なるほどレターヘッドも「カエルの王様」。

子供向きのホテルではないのだが、各階でそれぞれお話のテーマを変えていて、廊下と部屋の壁紙、廊下の横長照明、洋服掛けのフックなどのモチーフをグリム童話からとっている。さりげなくてなかなか可愛い。フロアを間違えにくいかもしれない。

私のルームなどは「赤ずきんちゃん」だから、ベッドのすぐ脇のビニールクロスにおばあさんに扮した狼が寝ているイラストというか模様があって、それが枕の半分もある大きさだから、ぼんやりと目を覚ますとドキリとする。

「この狼、お腹に入っているのはおばあさんかな、それとも赤ずきんちゃんと二人かな」などと思わず見てしまう。しかしこれはいかがなものか。日本のホテルならゼッタイＮＧだ。

友人の部屋は「ヘンゼルとグレーテル」のフロアであった。これはいい。でもグリム童話にはヒトを食べるとか、復讐するとか、どこか残酷なところがあるから、ホテルのデザイン・モチーフにするには難しいと思う。そう思いません？

バスルーム。洗面台まわりの設計をするとティッシュ、拡大鏡、ドライヤーなどが雑然として整理できないものだが、ここではアルミのボックスをミラーに取り付けて、それらをうまくまとめてある。カウンターは有効利用され、自分で持ち込んだ化粧品も並べられる。タオルも下段にたたんである。さほど広くないバスルームのカウンターでは、このアイデアいいかもしれない。

Grimm's Potsdamer Platz
Flottwellstraße 45, 10785 Berlin
Fon +49 (0)30 25 800 8-0, Fax-4111
potsdamer-platz@grimms-hotel.de

Grimm's Berlin Mitte
Alte Jakobstraße 100, 10179 Berlin
Fon +49 (0)30 28 44 41-00, Fax-01
berlin-mitte@grimms-hotel.de

www.grimms-hotel.de

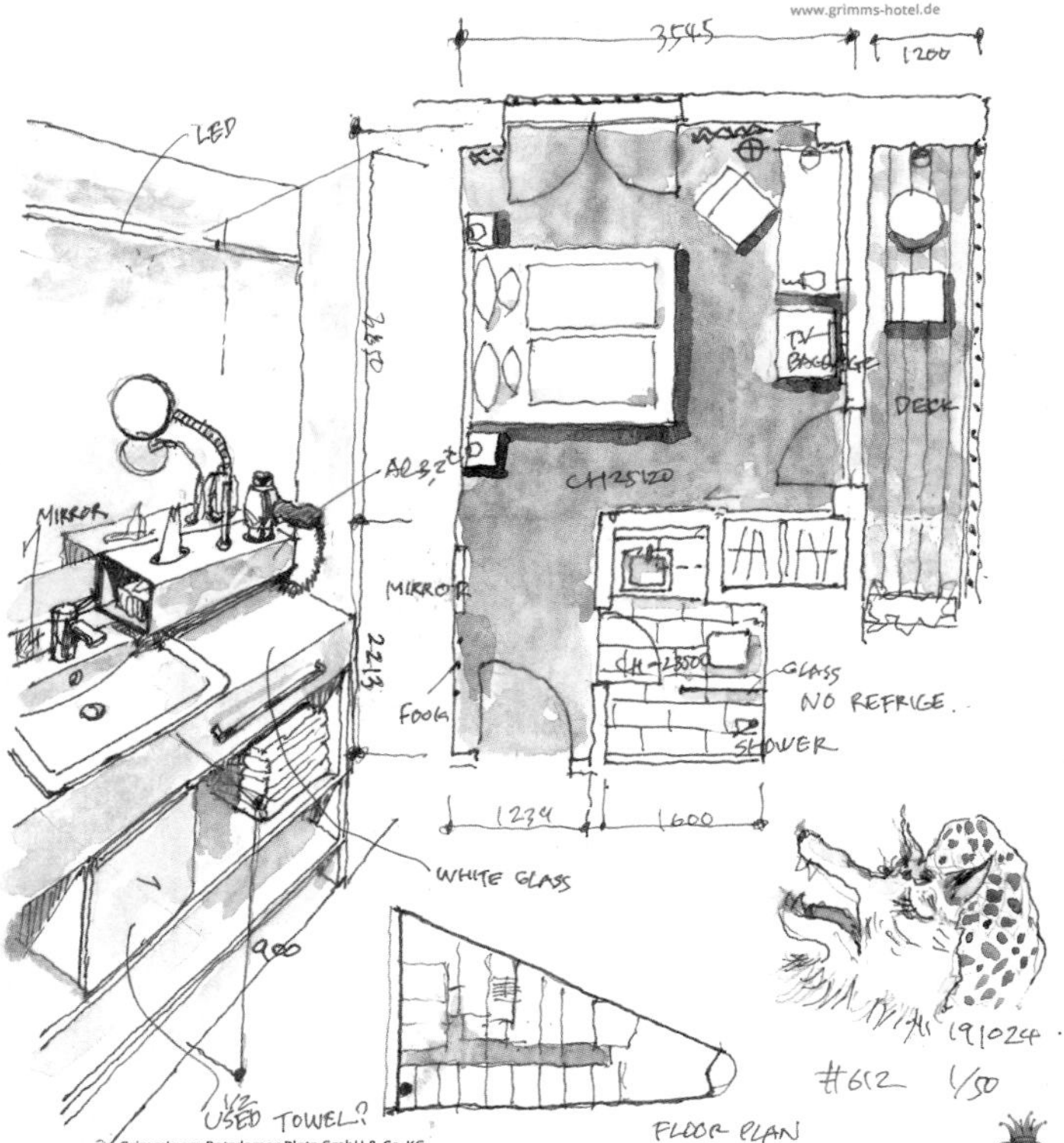

3545
1200
LED
MIRROR
TV
BAGGAGE
DECK
MIRROR
GLASS
NO REFRIGE.
SHOWER
1234
1600
WHITE GLASS
900
USED TOWEL?
FLOOR PLAN
191024.
#612 1/50

Grimm's am Potsdamer Platz GmbH & Co. KG
AG Charlottenburg HRA 50212 B, StNr. 30/126/07353, USt-IdNr. DE299635791, IBAN DE97 1203 0000 1020 2879 40, BIC BYLADEM1001

Grimm's GmbH & Co. KG
AG Charlottenburg HRA 42799 B, StNr. 30/126/06209, USt-IdNr. DE266462694, IBAN DE29 1009 0000 8603 5150 06, BIC BEVODEBB

Geschäftsführung
Bersa Consult GmbH, Herr Munib Preljevic, AG Charlottenburg HRB 111733 B, StNr. 37/265/21196, USt-IdNr. DE258126500

伯林(ベルリン)の街で

投宿した部屋はフロアの端部だったので、幅の狭いデッキが付いていた。
セミスイートを見学させてもらった。面積が広いというだけで、仕様はどこもほとんど同じ。明快である。
市内を歩いていると伯林(ベルリン)と綴りたくなるような建物に遭遇することもある。

＊ベルンハルト・ハンス・ヘンリー・シャロウン
Bernhard Hans Henry Scharoun（1893－1972）ドイツの建築家。作品に当該ホールのほか「シュミンケ邸」など。戦時中もドイツにとどまった。

＊グリム兄弟
19世紀にドイツで活躍した言語学者・文献学者・民話収集家・文学者の兄弟。各地で蒐集した童話、民話を編集した。代表的なものに「赤ずきん」「ヘンゼルとグレーテル」「白雪姫」「カエルの王様」「灰かぶり（シンデレラ）」などがある。

フェイヴァリット・ルーム

The Upper House

アッパー・ハウス

中国／香港

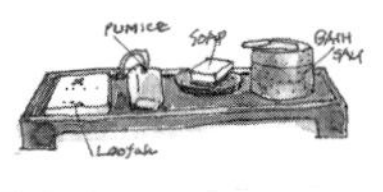

Add: Pacific Place, 88 Queensway, Admiralty, Hong Kong, China
Tel: +852 2918 1838
URL: https://www.thehousecollective.com/en/the-upper-house/

香港島側のパシフィック・プレイス地区。

建築家やデザイナーに人気がある香港のアッパー・ハウス。デザインはあのアンドレ・フー*。

２００９年竣工。香港島側の高級ホテルが多いパシフィック・プレイスの中、ＪＷマリオットと同じビルに入っている。

客室は１１７室。ステューディオ70、ステューディオ80、アッパー・スイート、ペントハウスの4タイプあるが、ステューディオ70のハーバー・ビュー側に投宿した。68㎡とうたわれている2モデュールのスイート。料金はやや高額だがその価値は十分にある。

パブリックは縦格子を多く使っていてソフィスティケートされた日本的な印象。１階のレセプションは小さく、そこから異次元に上るようなエスカレータで６階のロビーまで導かれる。ここでワクワクして術中にはまる。

この部屋は46階。２ベイを使っていて１ベイは水まわりとワードローブなどドレッシング関連だけ。バスタブは部屋の真ん中にあってビューが素晴らしい。洗面台からもミラーの間に外が見え、全体がオープンに近い。パウダーコーナーのデスクの上、化粧鏡は照明が入っていて動くのが面白い。クローゼットにヨガマットがあるのを見つけた。

もう一つのベイはベッドとソファ、ライティングデスクなど就寝とパーラーゾーン。ワインセラーにあるたくさんのドリンク類はすべてフリーチャージ。大きな窓からハーバーや対岸の九龍半島にある高さ４８４ｍの超高層「環球貿易廣場」ビルを望んでいると時を忘れる。

機能を２つのゾーンに分け、ビューと、テレビの軸線にベッドとバスタブを合わせる客室プランニングは明解そのもの。理に落ちるとはこのことか……と思わせる。

床はタモのような素木（しらき）のフローリングとライムストーン、ライトグレーのカーペットで明るい。壁は細かなところまで竹材の練り付けに徹していて木材は一切使ってない。

the UPPERHOUSE

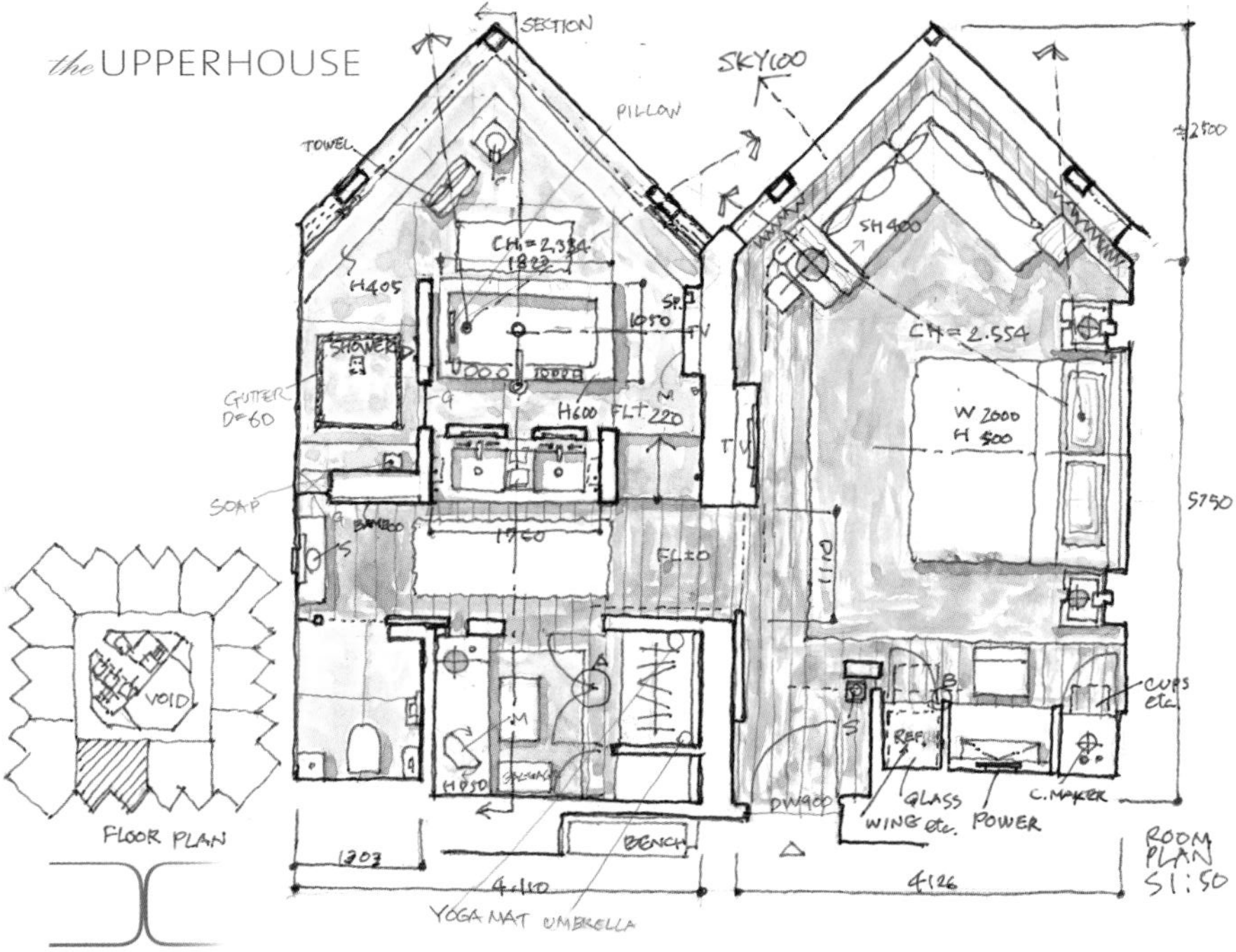

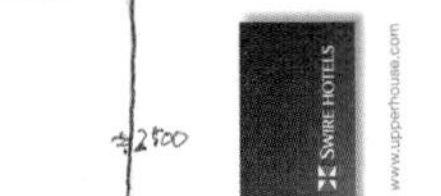

Pacific Place, 88 Queensway, Hong Kong 香港金鐘道88號太古廣場 www.upperhouse.com

SECTION

SKY100

PILLOW

TOWEL

CH=2.334
1822

H405

SHOWER

GUTTER
D=60

1050

SP.

TV

H600 FLT 220

SOAP

BAMBOO

1750

FL±0

1110

SH400

CH=2.554

W 2000
H 500

5750

±2500

CUPS
etc.

REF.

GLASS
WINE etc.

POWER

C.MAKER

DW900

BENCH

H050

1203

4.110

4126

YOGA MAT UMBRELLA

FLOOR PLAN

VOID

ROOM
PLAN
S1:50

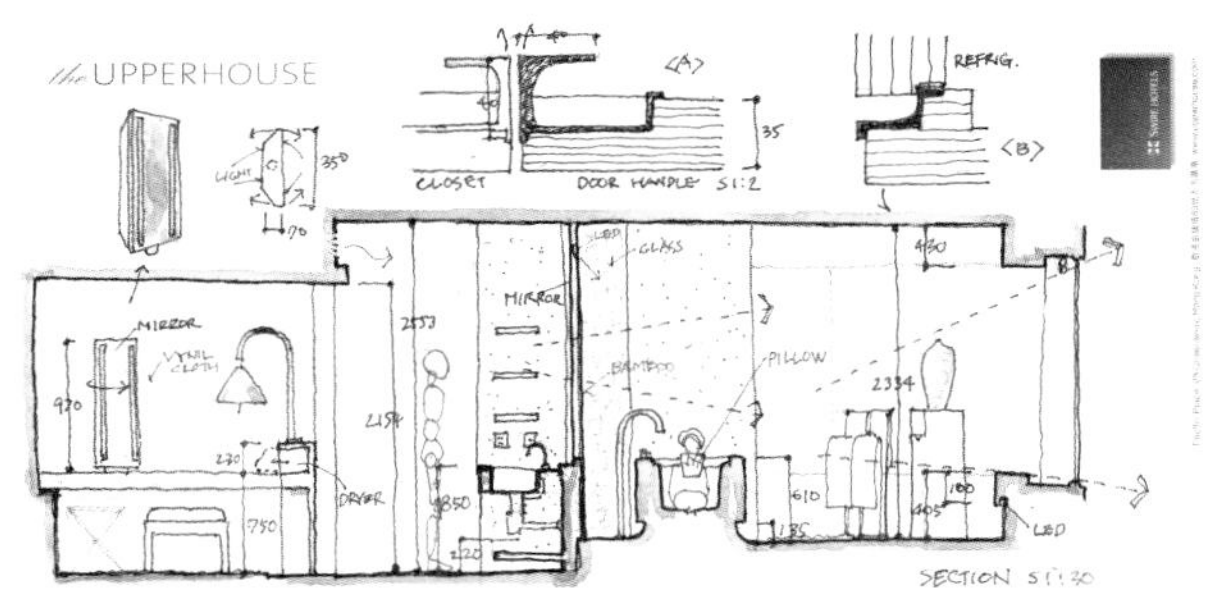

天井にはもちろん何も付いていない。ディテールは引き戸や扉の把手などまでよく考えられている。

素材や色彩が抑えられ、間接照明は各所に仕込まれていてガラスへの映り込みを避け、全体に上質感があふれている。ミニマリズムのいいところが出ていて、これはデザイナーに好評なはずだ。

セクションを描くために採寸。微妙な高さ関係がよくわかる。バスタブの縁が高いのは眺望を得るためであろう……とか。

ここはサービスアパートメントとの複合だが、その形はよく似ている。これからこのスタイルは増えるだろう。泊まると住むは区別がつきにくい。

空気が澄んでいるように感じる。控えめ

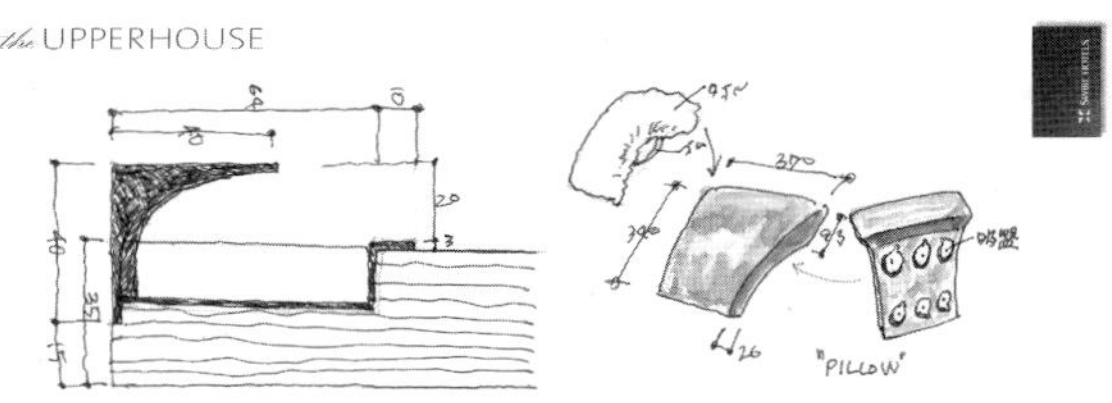

ながらとにかくどこを見ても「うまいっ」と嘆息するばかり。間違いなくマイ・フェイヴァリット・ルームである。

　最上階の「カフェ・グレイ・デラックス」で朝食を摂（と）る。香港のシェフ、グレイ・クンツ氏の料理。アプローチやダイニング空間上部は縦格子デザイン。ハーバーサイドは朝から予約で埋まっているという。さもありなん。

　さて今日は「環球貿易廣場」ビルの上からこちらを望んだり、アイランド側旧市街にある長ーいエスカレータに乗ったりして飲茶（ヤムチャ）の店でも探して歩こうか。

＊アンドレ・フー

Andre Fu（1975－）香港生まれの若き建築家、インテリアデザイナー。14歳からイギリスで教育を受け、ケンブリッジ大学卒業。AFSOを設立。代表作に「フルトン・ベイ・ホテル・シンガポール」「アッパーホテル・香港」「フォーシーズンズ・ソウル」など。

ギネスブックで世界一

The Blue Train

ザ・ブルートレイン

南アフリカ

Tel: +27 12 334 8459
URL: http://www.bluetrain.co.za

南アフリカの旅客鉄道会社ラックスレールの運営。プレトリアとケープタウン間を運行。

最近の鉄道……特に寝台列車はその響きがすっかり変わってしまったかのように聞こえる。寝る間も惜しんで目的地にたどり着こうというものから、寝台列車はゆっくりと列車による旅そのものを楽しむように変わってきたのである。

南アフリカの国営寝台列車をご紹介しよう。

こちらは、ギネスブックで「世界一の豪華寝台列車」と認定されている。ケープタウン～プレトリア間の１６００㎞を１泊２日で走行する。平均90㎞／h。１編成19両。チャージも高価格。南アフリカの旅客鉄道公社の運営。

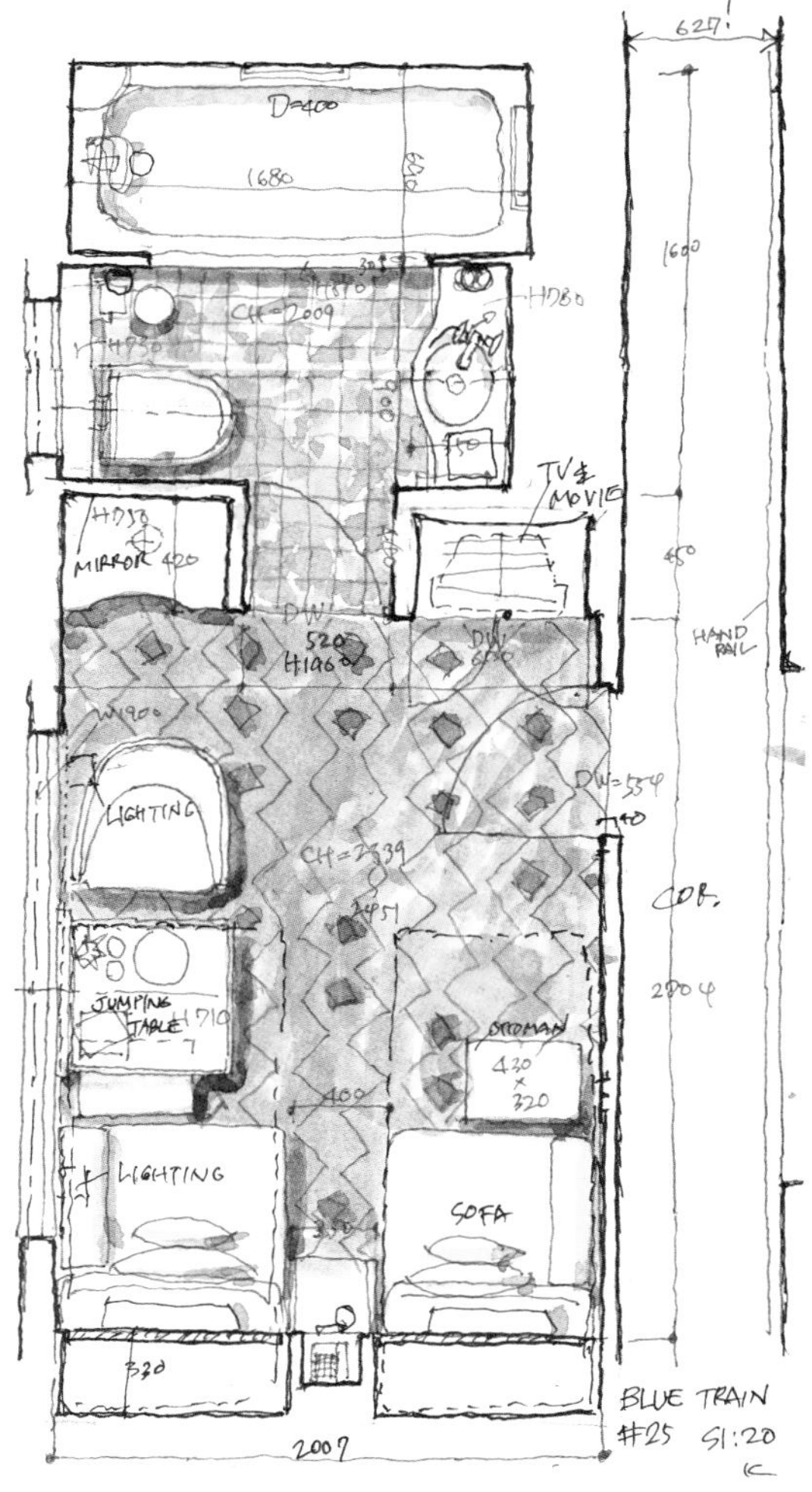

627
D=400
1680
1600
CH=2009
HD80
TV &
MOVIE
MIRROR 420
450
DW
520
DW
600
HAND
RAIL
LIGHTING
DW=554
140
CH=2339
COR.
JUMPING
TABLE
H710
2804
OTTOMAN
430
×
320
400
LIGHTING
SOFA
320
2007
BLUE TRAIN
#25 S1:20

ブルートレインは、金やダイヤモンド・ラッシュに合わせ1923年に富裕層旅行者のために運行を開始。人種隔離政策中はなんと白人専用車であったという。1997年から現車両。

ケープタウン駅に隣接する専用ラウンジに着飾った乗客たちが出発の1時間前から集まり、マネジャーから乗車前のガイダンスを受けるのだが、誰しもが胸高まる想いになる。

やがて乗車。すでにバゲッジ類は各室に運び込まれ、ウエルカム・シャンペンをいただいているうちにいつの間にか発車している。

窓外の風景に見とれる間もなく、採寸したのだが、思ったより部屋が広く感じられるのはベッドが壁に収納されているばかりではなく、1900㎜のFIXの窓が大きく、デスクが小さいレイアウトのせいかもしれない。でも廊下幅は627㎜。ヒューマンスケールの観念が変わる思いがする。

ソファを収納してベッドを出し、就寝バージョンに変わるところを特別に見せてもらった。屈強な乗務員が壁にあいた穴に、持ってきたスチールパイプのベッド脚をねじ込み（！）壁を倒すと、ベッドが手品のように現れる。ベッドは1800×800と小さく、下にソファを収納するから高さ680㎜と、ちと高い。中にベッドが現れるスチール製のがっちりした機構が隠されているが、ベッドメイクが終了すると何事もなかったように寝室に変わる。その間約3分。ベッドの脚を持ってくるというのが傑作だが、乗務員はちょっとドヤ顔。

ラグジュアリー・スイートというその部屋は大きなバスタブが設置されていて快適。枕木方向にバスタブの長手がセットされているのだが走行で湯がこぼれることはなかった。

食事は2回転。夕食ではドレスコードがある。料理にボリュームがあり、ワインをいただいているとルームの採寸を先にしておいて正解であったと思わせた。

エクスカーション・ツアーなどもあるから、退屈するなどということもない。マジェスフォンテイン駅では古い2階建てバスが迎えてくれてテーマパークのような小さな村をゆっくりと一周。

昔ダイヤモンドを掘ったキンバリーにも見学下車する。

男性のバトラーは金色の植物文様がびっしりとついたロイヤルブルーのベストを着用していて絵になるので、思わずカメラを向けてしまう。楕円にBをアレンジしたロゴマークがいたるところに展開され、ビジュアル・アイデンティティの巧みさが際立つ。

乗客はトレインマネジャーがサインした乗車証明書と小さな置き型金時計がいただけるのだが、鉄道ファンならずともこれがうれしい。

10㎡の至福

TWILIGHT EXPRESS
瑞風
日本／西日本

西日本旅客鉄道の寝台列車。
山陰、山陽を５コースで運行する。
新大阪・大阪・下関が始発。

手前味噌をおゆるしいただきたい。

２０１７年６月に運行を開始したＪＲ西日本の寝台列車『TWILIGHT EXPRESS 瑞風（みずかぜ）』（以下瑞風）のプロジェクトに関わった。

瑞風は風光明媚な山陰・山陽を10両編成で１泊か２泊の５コースでめぐる、いわゆる豪華寝台列車。

コンセプトは「美しい日本をホテルが走る」として上質なホテルのようなインテリアを求めた。「走るホテル」ではなく「ホテルが走る」。ホテルがいつの間にか走り出すと

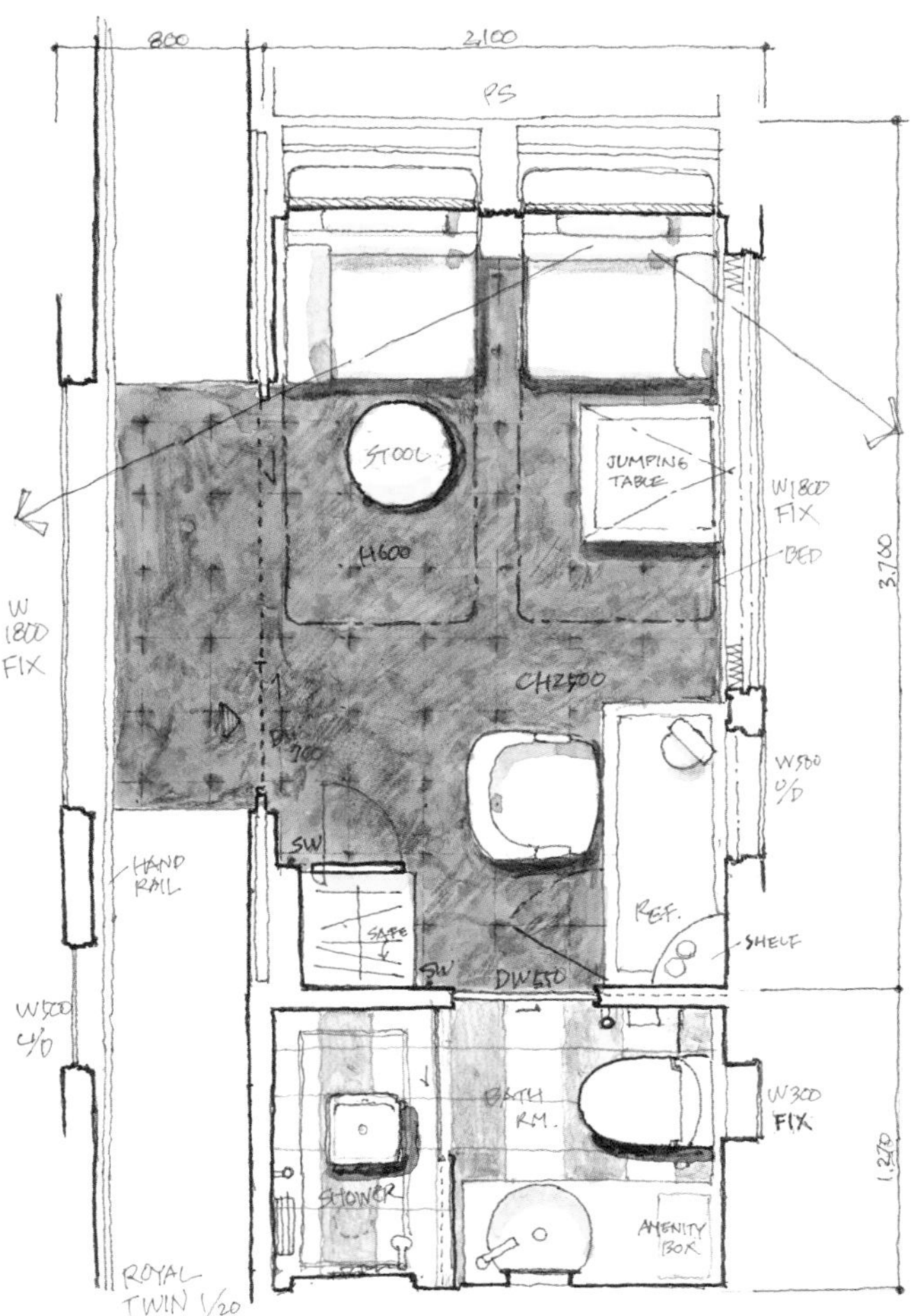

800
2100
PS
STOOL
JUMPING TABLE
W1800 FIX
BED
3,780
H600
W 1800 FIX
CH2500
W500 O/D
HAND RAIL
SW
SAFE
REF.
SHELF
SW
DW650
W500 O/D
BATH RM.
W300 FIX
1,270
SHOWER
AMENITY BOX
ROYAL TWIN 1/20

ツインルーム

いうイメージを大切にしたのである。

10両編成で展望車、食堂車、ラウンジカーなどを備え、ゲストルームはツイン、シングル、スイートなど16室34名収容。

乗客の利用層を考え、懐かしくノスタルジアを覚えるインテリアデザインとして、昭和初期に一世を風靡したアールデコを基調とした。それは白黒市松柄の床パターン、グリルや天井などの意匠、ファブリック、テーブルウエア、家具や備品、サインにもおよぶ。色はモノトーンが多く、木や石など種類を抑えながらも強いコントラストを多用した。

もとより列車は建築ではない。建築は地面に建ち、敷地があり、基準法がある。列車は敷地というコンテクストこそないが、日本の多くの列車は１０６７㎜という定められた幅の鉄路の上だけを動き、走り、大きさにも厳密な規定がある。けっして燃えてはならず、力を出すために重さも限定される。軽すぎても重すぎてもいけない。動力、重量、構造、不燃、振動など建築とはかなり異なる。列車の設計にあたっては、その異なる制約を楽しむように進めた。

●レギュラーなツインルームの窓は大きく、デスクの前には風が入る窓もある。バスルームはシャワー。客室の昼間は、入り口引き戸と壁の一部を引き込んで開け放すと廊下と一体になって、左右の景色が楽しめる。10㎡のゲストルームが広くなる。夕食にダイニングルームに行っている間にクルーが壁を倒し、ベッドをセッティングしてくれる。宿泊室のドアは中国5県の特産木材。壁の目地には京都の組紐を誂（あつら）えて叩き込んだ。電灯点滅のスイッチは懐かしいトグルスイッチを採用して、プレートは京都の錺（かざり）職人の手になる彫金ですべて意匠が異なる。壁の板材や椅子張りが異なるから、同じ部屋がない。

●シングルルームはここだけ二段ベッドにもなる。ツインより少し小さいが仕様はほとんど同じ。

●ユニバーサルルームも1室ある。車椅子でも使えるバスルームが付いている。

●スイートルームは世界でも稀少な1両1室。ハイデッカーとし、リビングルームやベッドからは天窓を通して星を見られる。外部に出られる小さなデッキもある。ダイニングテーブルは青い大理石アズールのストライプ。広いバスルームにはこの部屋にだけ備えられた外の景色が見えるバスタブ。技術陣の努力で走行中お湯は一滴もこぼれない。多くの家具や備品が特別に誂えられ、占有感、特別感が味わえる。

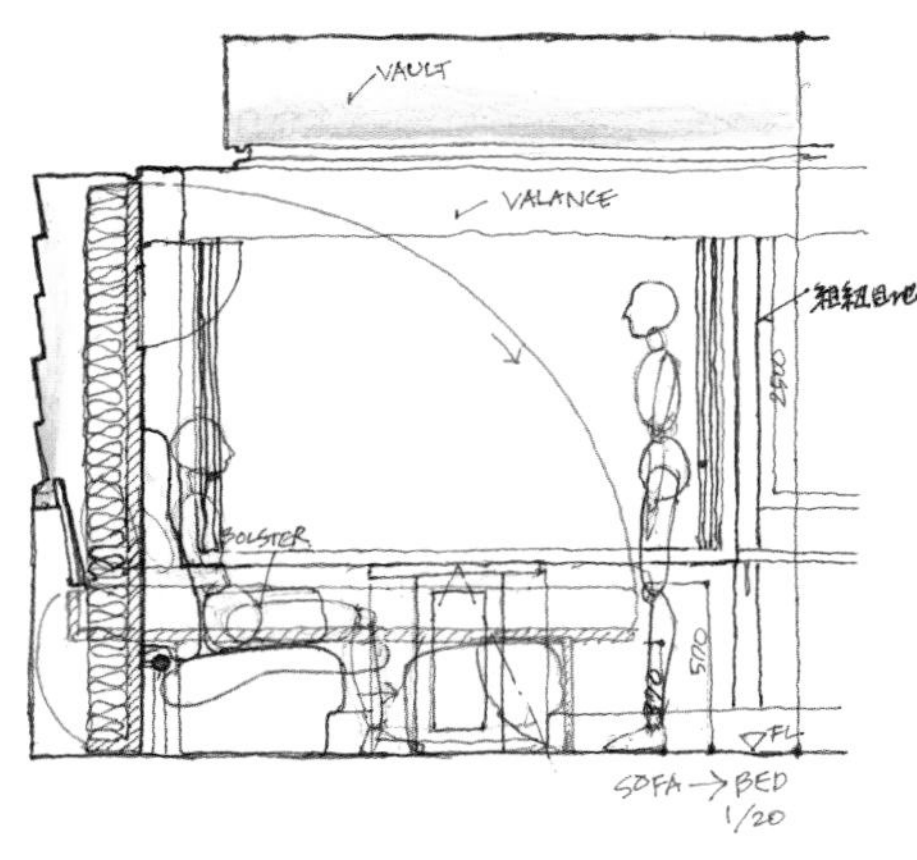

●食堂車はこの列車の白眉（はくび）。アールデコが強く感じられる白黒のややフォーマルなインテリアで素晴らしい料理を楽しめる。鍋料理もある。

●ラウンジ・カーは落ち着いた天然木仕上げで、くつろぐスペース。バーやギャラリー、スモーキングルーム、立礼の茶の卓、ブティックなどを備えている。

●展望車は最前部と最後部にあり、ほとんど同じデザイン。夜はスカイライトから星も見える。最後尾だけ外部のデッキに出ることができて風を感じられ、人気がある。

そのほか西日本各地の伝統工芸品や茶道具の名品、版画や彫刻、ヨーロッパのアンティークを集めたり、当代の作家などにオリジナルを作ってもらって各所にちりばめた。美術館のように車内各所のアートなどを見歩いて、「もうひとつの旅」を楽しんでいただける。

いまやどこでも日帰りができるようになってしまったわが国の観光事業はとても難しいものがあるのだが、移動の手段としてではなく寝台列車をゆっくりと利用して楽しむ、古くも新しい旅の姿が出てきた。

19世紀末、ジョルジュ・ナゲルマケールス*という男がいた。

寝台列車会社「ワゴン・リ」をつくり、パリからユーラシア大陸各地に寝台列車を走らせた。オリエント急行である。設備も十分とは言えないながら、そこに何日も乗り込んでおいしい料理をいただくことが旅の究極の姿だと世に知らしめた。その夢が途絶えることなく日本で続いているのである。

＊トグルスイッチ

つまみ状の操作レバーを倒すことで電気回路を切り替える構造のスイッチ。

＊ジョルジュ・ナゲルマケールス

Georges Nagelmackers（1845－1905）ベルギー出身の実業家で国際寝台車会社の創業者。アメリカのプルマン型寝台列車をヒントに寝台列車ワゴン・リを計画、1883年にオリエント急行の走行を始める。その後、パリからコートダジュール、リスボン、イスタンブール、サンクトペテルブルグ、シベリアなどに寝台列車を展開させた。

※なお、サービス内容の変更やこれに伴い装備を一部変更することがある。

TWILIGHT EXPRESS 瑞風
西日本旅客鉄道：山陰本線、山陽本線
URL：twilightexpress-mizukaze.jp/
事業主：西日本旅客鉄道（JR西日本）
デザイン統括：浦　一也
インテリアデザイン：浦一也デザイン研究室、日建スペースデザイン
サインデザイン：KATO design（加藤三喜）
エクステリアデザイン：エイアンドエフ（福田哲夫）
車両製造：近畿車輌、川崎重工
内装施工：Jフロント建装

コルに泊まる

Couvent de la Tourette

ラ・トゥーレット修道院

フランス／リヨン郊外

Add: 69210 Eveux, L'Arbresle cedex, France
Tel: +33 4 72 19 10 90
URL: https://www.couventdelatourette.fr

リヨンから在来線でラルブレル駅へ。タクシーで。

4月上旬というのに、その日は暑いほどだった。

リヨンから在来線でラルブレル駅に降り立ったのだが、タクシーがない！　途方に暮れていると、この地域に住んでいるというご婦人が親切にも自分の車に乗せてくださった。

徒歩で20分と駅で言われたが、重いキャリーカートを引いていたから40分はかかっただろう。

LA TOURETTE

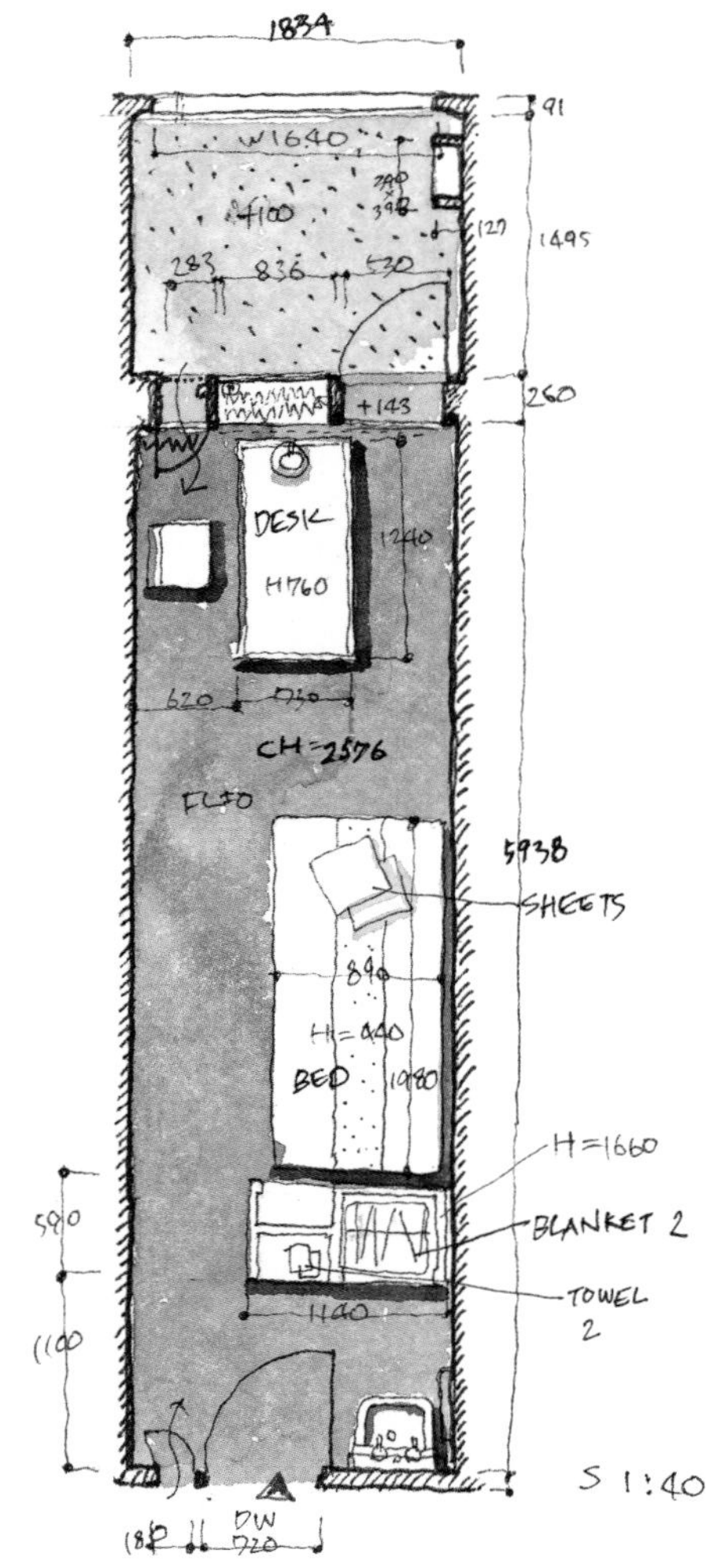

1834
91
W1640
127
1495
283
836
530
260
+143
DESK
H760
1240
620
740
CH=2576
FL±0
5938
SHEETS
890
H=440
BED
1980
H=1660
BLANKET 2
TOWEL 2
590
1140
1100
DW
720
S 1:40

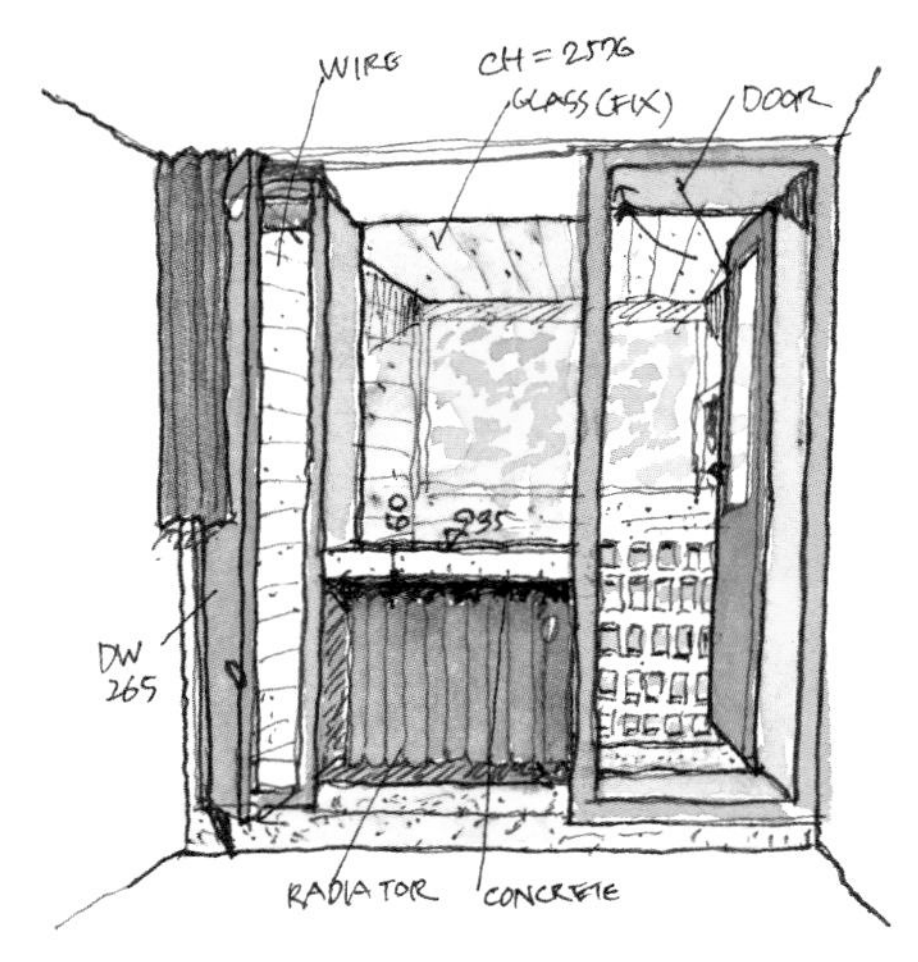

美しい新緑の小高い丘の上にその建物が見えてきた。

あれだ！　ついに来た。

ル・コルビュジエ*73歳の頃の作。ドミニコ会から依頼された修道院で、今は宿泊もできる。

ル・コルビュジェが極限のヒューマンスケールをどう料理したかを見たかったのだ。現役の修道院ということで厳格な空間だと思い込んできた。だが、それはうれしくも裏切られることになる。

これまで穴があくほど『GA』の二川幸夫(ふたがわゆきお)さん*の写真を見てきたが、それがここにある。大きなマッス、僧坊、鐘楼。礼拝堂は15m460と高い天井。静謐(せいひつ)なコンクリートの肌。ピーンと張り詰めた空気。低い天井に付いたあの3つの鮮やかな色の円形スカイライト。計画では、高いほうの壁面はダイヤモンド・カットのようなデザインであったと図面から知ることができるが、これは実現しなかった。

修道院だからかもしれないが、石みたいな沈黙のロンシャン礼拝堂*より、ずっと饒舌で明るく見える。

約100室の同じ形のセルは一部を宿泊できるようにしてある。内法5930×1834㎜の細長い平面。幅はほぼ畳の長辺。つまり畳を6枚ちょっと並べた大きさ。天井高は2576㎜。奥行き1500㎜のブリーズ・ソレイユ*があるバルコニーがついて、窓外の芽吹きの木々が陽光に反射し、緑色の万華鏡を覗いているように明るい。仏教寺院の僧坊か刑務所の独房のようなものを想像して来たのだが、暗さがまったくない。何度も塗り直したような窓とドアまわりの赤、黄、緑、黒のペイントは、いまや懐かしいあのコルビュジェ・カラー。蚊よけの金網付きの風と自然光を通す幅265㎜の小さなドア。「風ドア」は入り口にも付いている。光や風の扱いに極めて人間的な優しさが見えた。

トイレとバス・シャワールームは共用の別室。男女ともそれぞれ2モデュールを使っていて清潔で必要最小限。モノが溢れた世界からやってきた私にとって、このぎりぎりの装備は潔くてさっぱりさえする。

ディナー。赤ワインがテーブルに出ているではないか！　これを意外と思ってはいけないのかな。米を茹(ゆ)でたようなサラダ。丸ごとのゆで卵、ソテーしたほうれん草だけという料理。デザートはオレンジとチーズ。質素だがけっしてまずくはない。ホテル代は朝夕の食事がついて51€という安さなのに。

食堂の高いガラス面は、幅42㎜の細いコンクリートのマリオン*がたくさん並んでいる。ピッチは230から1450㎜ほどまでさまざま。そのリズムはオーケストラの音楽になっているのだとサービスの女性が解説してくれる。設計協力をしたというヤニス・クセナキス*によるものか。

宿泊客はほとんどが建築関係者ではないかと思われ、その日も台湾の建築関係の女性やニューヨークの若い建築家夫婦らと意気投合。楽しい夕食となった。メジャーでその辺を測りまくっても、同業者だから不審がられることはない。

ラ・トゥーレットはすでにして古典だが、この明るい透明感、ちっとも古くなっていない……と思いながら共用のシャワー室を使う。

　少し小さなベッドをメーキングして清々しい気分で眠りに落ちる。

＊ル・コルビュジェ
Le Corbusier（1887－1965）スイスで生まれフランスで主に活躍した建築家の巨匠。パリ・ヴォアザン計画、「サヴォア邸」（1931）、「マルセイユのユニテ・ダビタシオン」（1952）、「ロンシャンの礼拝堂」（1955）、「ラ・トゥーレット修道院」（1960）、チャンディーガルのプロジェクトなど作品は多数。

＊二川幸夫
（1932－2013）建築写真家。建築写真専門誌『GA』を発行した。受賞多数。

＊ロンシャン礼拝堂
フランスの東、スイスに近い丘に建つノートルダム・デュ・オー礼拝堂（1955）。ル・コルビュジェの代表作の一つ。

＊ブリーズ・ソレイユ
Brise-soleil フランス語で「太陽を砕く」という意味で、庇状のルーバーをル・コルビュジェが好んで使った。

＊マリオン
mullion 開口部材を支える垂直の間柱。

＊ヤニス・クセナキス
Iannis Xenakis（1922－2001）ルーマニア生まれのギリシャ系フランス人の現代音楽作曲家、建築家。アテネ工科大学で建築と数学を学び、レジスタンス運動に参加。ル・コルビュジェの弟子、モデュロール理論の発案、ラ・トゥーレット修道院などに携わる。

203　ラ・トゥーレット修道院

column 8

茶をめぐる空間

茶の湯の道は深い。

茶の作法は真面目にお稽古をしていないからか、なかなか上達しないのだが、あのクローズな世界にソフトとハードがじつにうまく結びついていることに感心する。こんな世界を他に知らない。

お点前と呼ぶ、茶を点てる作法のシステムなど、なんとよくできたものかと感心する。そのありよう、すがた、しつらい、寸法、そしてその作法にぴったりと結びついた建築や庭園やインテリアや茶道具がつくり出す体系。これはすごい。

昔はそういうシステムが茶の湯の他にもたくさんあったのだと思われるが、今のこの混沌とした世界に貴重に生き残っている茶の世界には感動すら覚える。

茶室やそのスケール、所作などを考えることが面白く、新しい茶の湯の空間をいろいろつくってみた。

●「紙の茶室」では下足で立ったままお茶を喫する形にトライした。鳥の子和紙や漆塗り和紙張りの垂直の4枚の壁がアルミの床板を囲む姿とし、壁は一部下地をなくして和紙を通した外光をほんのり入れた。簡単に組み立てられるようにもした。井戸の底みたいな空間でヒトは必ず天空を仰ぎ見ることもわかった。

●麻でもつくった。「茶の卓」と称して、3人の客が椅子に座って荒々しい木製の卓で茶を喫する立礼の茶の空間を設計した。椅子として円椅をしつらえ、茶室は四周を蚊帳の素材にも使われている本麻でつくった。半透明の素材に囲まれた不思議で静謐な空間ができ上がった。これも組み立て式。

●ガラスでも茶室をつくっている。木や鉄を一切使わず、板橋一広（いたばしいっこう）さん＊の制作する再生ガラス「雪花硝子（せつかガラス）」だけで床・壁・天井すべて透光不透視のガラスの6面体空間をつくり、畳のように正座式でお茶を喫する空間に挑戦した。「台目畳（だいめだたみ）」＊2枚分という最小の空間でお茶を点て、二人が座して喫する。光を溜める不思議な雪花硝子の無重力感が空間の狭さを忘れさせてくれた。

　立礼や正座という座様式は茶の湯の姿に強く関わる。正座は辛（つら）いという向きもあるが、茶の湯はそれを基本にいろいろなルールを成り立たせている。正座ばかりでなくいろいろな座様式があるがそれを考えてみたい。床の素材も。

　それから壁の素材。紙でも麻でもガラスでも石でも、その空間は大きく姿を変える。待庵（たいあん）＊のような深淵な黒い茶室をつくってみたい。炭とか鉛で……。

　新しい茶室空間には古い茶道具を置き合わせてもよく似合う。茶道具のほうが空間より寿命が長いせいだろうか。時間も空間のテーマになる。

　茶室はもちろんホテルのゲストルームではない。しかしどちらもヒューマンスケールや作法の追求があって限られた空間づくりである。私にとってホテルと茶室は、右脳と左脳みたいなものなのである。

＊板橋一広
（1957－）埼玉県生まれのガラス・アーティスト。「雪花硝子」というリサイクル結晶化アート硝子を制作。

＊台目畳
茶室の畳の一つで一般の丸畳（長辺6尺3寸）のおよそ4分の3の大きさ。台子（だいす）の部分を切り取ったものといわれる。

＊待庵
京都大山崎の妙喜庵（みょうきあん）にあり、千利休（せんのりきゅう）がつくったといわれる二畳の小間。隅に炉を切り、床は室床。茶室の原点ともいわれる。

ジョン・レノンにあやかる

富士屋ホテル

日本／箱根

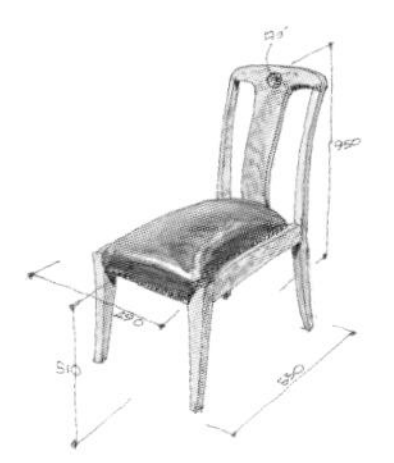

Add: 神奈川県足柄下郡箱根町宮ノ下359
Tel: 0460-82-2211
URL: https://www.fujiyahotel.jp/

箱根登山鉄道宮ノ下駅から徒歩7分。

海外旅行がしにくくなったということで日本のクラシックホテルに行ってみることにした。

1878年創業の箱根の富士屋ホテル。

創業者の山口仙之助（やまぐちせんのすけ）は20歳で米国に渡り、帰国して福沢諭吉（ふくざわゆきち）にすすめられ、温泉が湧くこの箱根宮ノ下（みやのした）に外国人が利用するホテルを始めた。急な坂道なので、籐椅子に担ぎ棒を取り付けて運ぶ「チェアー」を使ったとか。国府津（こうづ）まで鉄道が開通すると、そこまで仙之助自身が客を出迎えに行ったというから驚く。

その後長い歴史と変転を経て、大規模なリノベーションを果たし、2020年7月グ

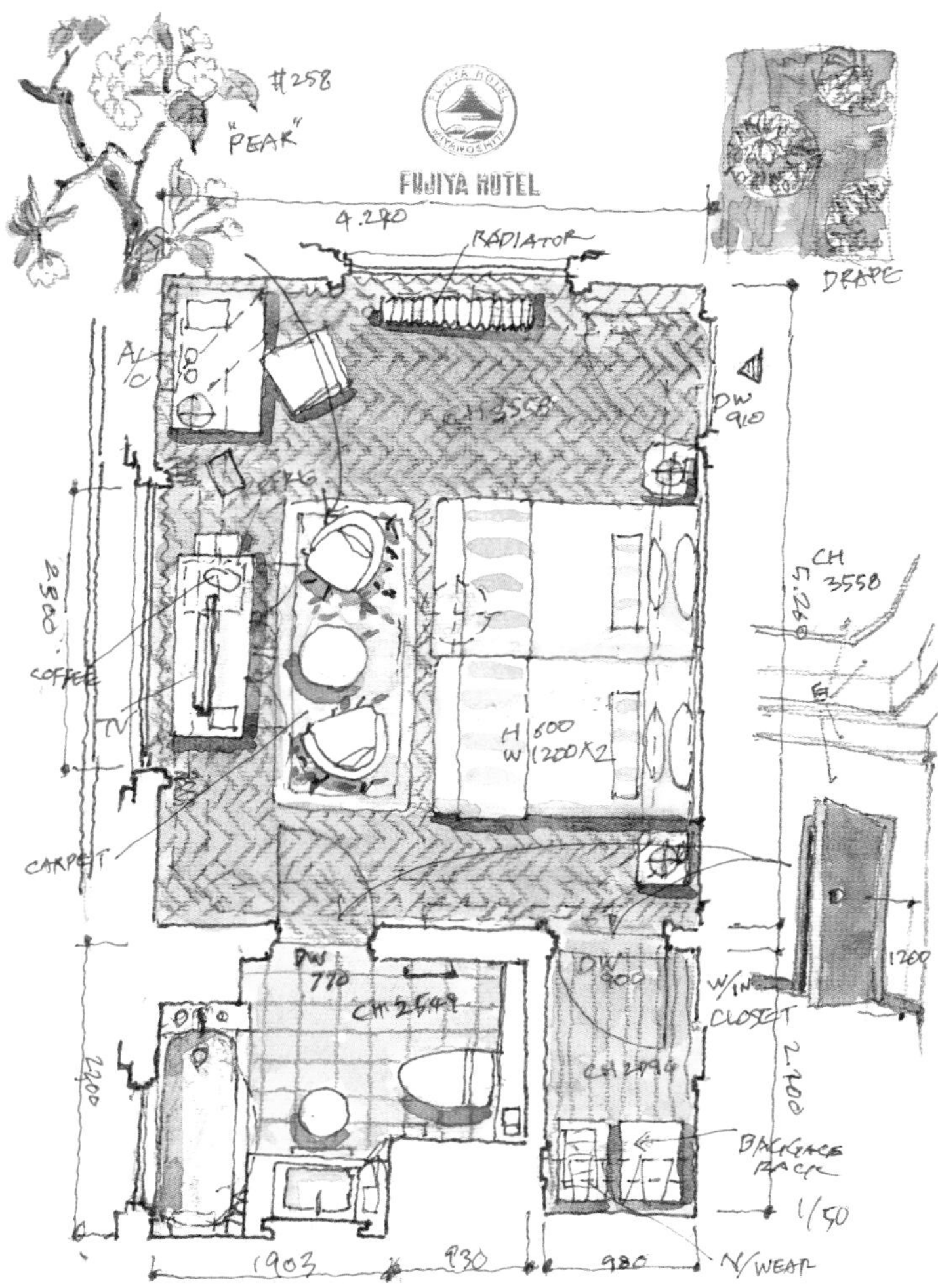
#258
"PEAR"
FUJIYA HOTEL
MIYANOSHITA
FUJIYA HOTEL
DRAPE
4.290
RADIATOR
A/C
CH 3558
DW 910
CH 3558
5.260
COFFEE
TV
H 600
W 1200×2
CARPET
1200
DW 770
CH 2549
DW 900
W/IN CLOSET
CH 2994
2.100
BAGGAGE RACK
1/50
1903
930
980
N/WEAR

ランド再オープン。

本館、西洋館、花御殿、フォレスト・ウイングの4つの客室棟のうち、三代目社長の山口正造（しょうぞう）＊が設計したという「花御殿（フラワーパレス）」を予約。千鳥破風（ちどりはふ）と唐破風（からはふ）の屋根がついた独特な日本的外観。鉄筋コンクリート造5階建て。全40室。１９３６年にオープンしているから昭和の開業。

フラワーパレスと称しているから各部屋すべて異なる花がテーマになっている。ここは「梨の花」の日本画がドアに掲げられ、ルームキーやカーペットのモチーフにもなっている。

ジョン・レノン一家は「菊」の部屋に投宿したとのこと。

何年も前に西洋館に泊まったのだが、客室棟がいくつもあると泊まるモチベーションも増える。

このゲストルームは35㎡くらいだからそれほど広くはない。ベッドはハリウッドツインの配置。パーラーが中央にあってテレビを軸線にしている。窓も大きい。床はパーケットフロアの「矢筈（やはず）張り」＊。壁や天井は真っ白で天井高さは３５５８㎜もある。ドアノブの高さは１２００㎜という外国人寸法。座面のレザーを鋲(びょう)止めしたライティング・チェアが歴史を語るようでなかなかいい。この形はいろいろな箇所で使われている。冬は寒いとみえてラディエター・グリルがある。

　バスルームは３in１。アメニティは引き出しに。ロールのストックでもなんでも木の箱に入っていて奥ゆかしい。リネン類はすべて十分なパイル密度があって、リッチな気にさせる。天然温泉を各室に供給しているそうで箱根気分を味わう。緑釉(りょくゆう)のボーダータイルを壁に張っているから無機質ではない。考えられるほとんどの調度備品が揃っていて、不足がない。細心の配慮を感じる。

　建物外観もそうだが、ロビーや食堂などのパブリック・スペースには不思議な意匠が満載である。柱頭の彫刻や装飾、ウインドウ・トリートメント、欄間(らんま)、朱赤(しゅあか)の欄干(らんかん)、ブラケットランプ、カーペットの色彩……。見歩いていると美術館にいるようで時を忘れる。その高い格天井のメインダイニング・ルームで、夕食に白ワインとともにいただいた「鱈(たら)の白子」料理が絶品であった。

　帰路には久しぶりに登山鉄道を利用した。

あのスイッチバック*が懐かしい。

＊山口正造

（１８８２－１９４４）日光金谷ホテルの創業者金谷善一郎の次男。山口仙之助の長女と結婚して山口家に婿入りした。

＊矢筈張り
フローリングなどの貼り方。ヘリンボーン、矢羽根貼りともいわれる。

＊スイッチバック
険しい斜面を登坂するため、前後を切り変えてジグザグ走行すること。

赤い欄干と屋根の破風が特徴の花御殿外観。

北アルプスを眺める

白馬の山小屋

日本／長野

Add: 長野県北安曇郡白馬村

長野県白馬村。

「旅はゲストルーム」ということなら、私はこの宿をこれまで最も利用しているかもしれない。

1976年、日建設計に在籍していた16人が長野県白馬に会員制の山小屋をつくった。それは北アルプスの鹿島槍（かしまやり）、五竜（ごりゅう）、唐松（からまつ）、白馬三山（しろうまさんざん）などがパノラマのように一望できる白馬村。小屋は斜面にあるので3層。7、8人が泊まれる。

みんな若く、忙しかったが、暇をつくってはスキーなどよく遊んだ。冬季オリンピックもあった。今は物故した会員もいるが、みな高齢化し、建築も老朽化したものの、増築や改築を繰り返してなんとか存続している。白馬周辺もどんどん変わりつつあるが、

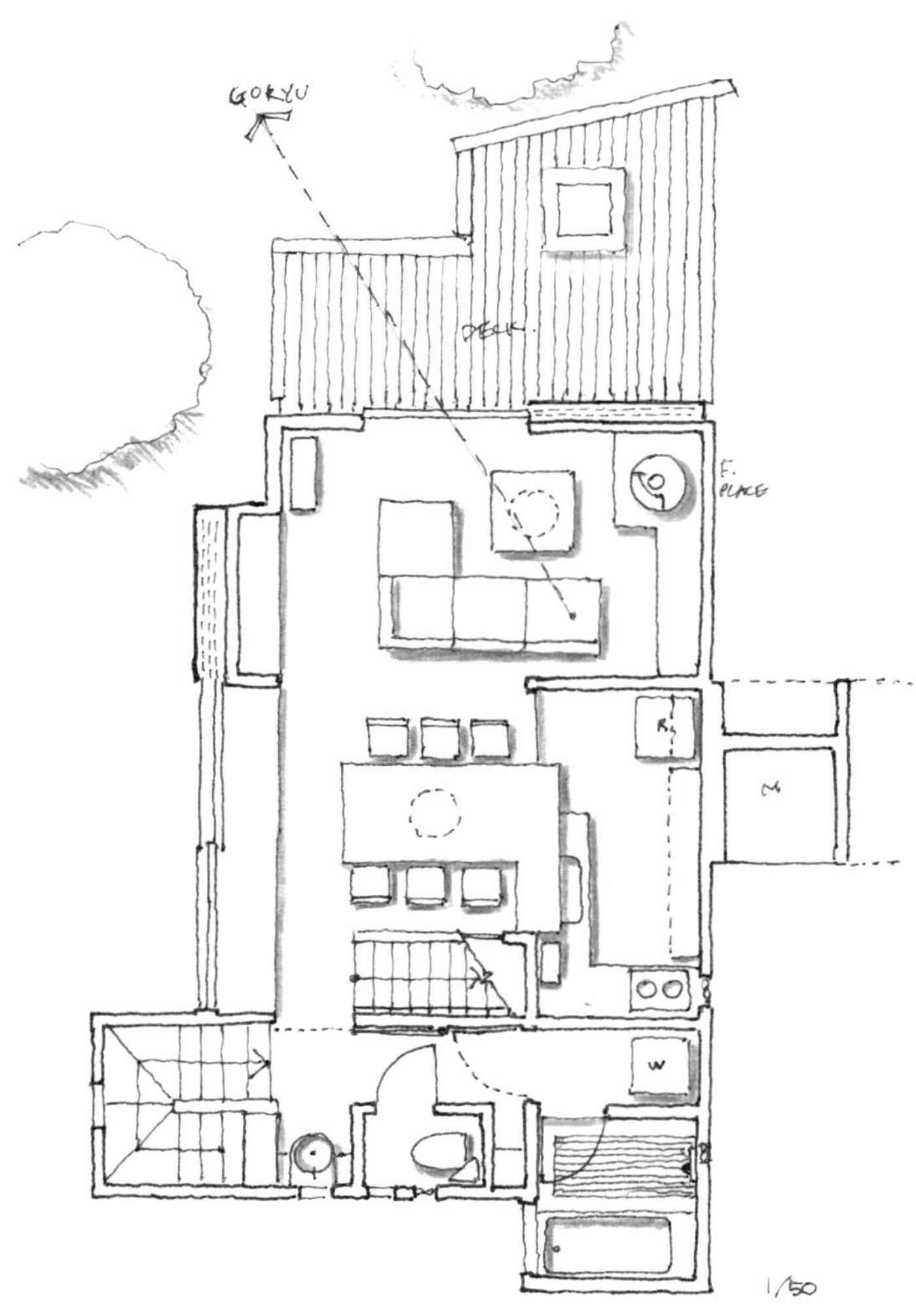
GORYU
DECK.
F.
PLACE
W
1/50

北アルプスの屏風のような山々は変わらない。ここに来て雄大な風景を眺めるとホッとする。

管理人や料理人がいて料理を出してくれるわけではないので、ご夫人たちにはそれほど人気があるとは言えないのだが、子供、孫などこれまで多くの会員家族やその友人たちが利用してきた。

メンテナンスとルールをきちんと守れば40年ももつ。蜂や蟻に悩まされてもきたが、猿やカモシカを目にすることもある。大敵は会員の高齢化であろう。

北アルプスを遠望し、仲間が釣ってきた岩魚の塩焼きや山菜の天ぷらを頬張り、ファイヤープレイスの火に照らされながら、いつまでもこの景観や自然に浸りたいと願う。

旅は終わらない

１９４７年生まれだから、私はいわゆる「団塊の世代」といわれた戦後の第一世代である。

小中高の時代はどこでもひとクラス50人から60人もいてそれが1学年10学級もあった。計算のツールが移り変わった。子供の頃には算盤（そろばん）をランドセルに刺していたこともある。そのうち手回しの計算機を目にし、やがて電卓が登場し、コンピュータなるものを見、プロッターの動きに驚いた。それからＰＣがデスクの上に鎮座し、ＰＣやスマホがあっという間に身近なものになって手放せなくなった。カメラというものもかなり消えた。じつに多様なツールを経験した世代ということになる。

しかしスケッチブックを手放したことはない。先日、私が6歳の写真を見つけた。よく見ると今と同じようなノートを携えているではないか！　もっともホテル実測のスケッチではなく昆虫の変態観察であったのだが、思い出すと幼虫や蛹（さなぎ）の大きさを物差しで測っていた。

祖父がホテルに携わっていたこともあって昔から家中がなんとなくホテルのようであった。ナプキンの使い方も教わった。

小学生の頃、父に連れられて行った帝国ホテルも強く印象に残っている。それから何年か経って大学に進学し、取り壊しが決まったそのライト館の保存運動にビラ配りとして参加したこともあった。

こうしてホテルが比較的身近にあったせいか、日建設計に就職し、部長だった林昌二さんに問われて「ホテルを設計したい」と答えた瞬間は、ごく自然だったような気がする。ホテルばかりでなく商業施設や接遇施設に多く携わってきた。人がサービスする施設が好きなのかもしれない。

ニューヨーク。時差ぼけで眠れない夜、レターペーパーにそのホテルのゲストルーム実測図を描き始めたのは１９７８年あたり。それが始まりである。

ホテルはこの間ずいぶん変わった。一言で言えば「効率から洗練へ」移り変わったとも言える。

洗練された新しいホテルを見るとそれは素晴らしいものがあるのだが、古いホテルも懐かしく思えてくる。ローカル色も悪くない。ホテル建築やインテリアにまつわる文学性みたいなものに興味が移ってきた。姿や形だけでは満足できなくなっているのかもしれない。近代は文学性を切り離したところに成り立ったとも言えるのだが、実測しながら深い意味や背景を探している自分を見つける。

そんなものを探してまた旅に出たい。


本書は3部作の3冊目である。

TOTOのPR誌に長い間連載していたものに加筆したものだが、オリジナルもかなりある。3部作に掲載したゲストルームの数は150ほどになった。

この本を編むにあたって光文社の堀井朋子さんをはじめ、TOTOや伏見編集室のみなさんにご尽力、ご理解をいただいた。また妻の晶子には旅の同行者としていろいろ協力してもらった。記して感謝したい。

2021年11月

浦　一也

本文デザイン――熊谷智子

旅はゲストルームIII

測って描いた世界のホテルときどき寝台列車

著　者──**浦一也**（うら かずや）

2021年　12月20日　初版1刷発行

発行者──鈴木広和

組　版──萩原印刷

印刷所──萩原印刷

製本所──ナショナル製本

発行所──株式会社光文社

東京都文京区音羽1-16-6 〒112-8011

電　話──編集部(03)5395-8282

書籍販売部(03)5395-8116

業務部(03)5395-8125

メール──chie@kobunsha.com

ISBN978-4-334-78801-8　Printed in Japan